DAVID STEINDL-RAST
FÜLLE UND NICHTS

Die Wiedergeburt christlicher Mystik

Aus dem Englischen von
Knut Pflughaupt und Vanja Palmers

GOLDMANN VERLAG

Die Originalausgabe erschien unter dem Titel
Gratefulness, The Heart of Prayer
bei *Paulist Press, Ramsey, New Jersey*

Dieser Titel ist bereits als
Goldmann Taschenbuch Nr. 12001 erschienen

Umwelthinweis:
Alle bedruckten Materialien
dieses Taschenbuches sind chlorfrei
und umweltschonend.

Der Goldmann Verlag
ist ein Unternehmen der Verlagsgruppe Bertelsmann

Genehmigte Taschenbuchausgabe
© 1984 by David Steindl-Rast
© der deutschsprachigen Ausgabe 1985
by Dianus Trikont Verlag, München
Umschlaggestaltung: Design Team München
Druck: Presse-Druck Augsburg
Verlagsnummer: 12507
Ba · Herstellung: Stefan Hansen
Made in Germany
ISBN 3-442-12507-3

1 3 5 7 9 10 8 6 4 2

Inhaltsverzeichnis

Zum Geleit von Herbert Röttgen 9

Lebendigsein und Wachsein 11
Daß du noch nicht gestorben bist, reicht nicht aus als
Beweis, daß du wirklich lebst. Lebendigkeit bemißt sich
am Grad deines Wachseins.

Staunen und Dankbarkeit 13
Voll Staunen darüber aufwachen, daß wir in einer »gegebe-
nen« Welt leben, bedeutet lebendig werden. Das Bewußtsein dieser Überraschung ist der Anfang der Dankbarkeit.

Herz und Sinn 29
Mit unserem Intellekt können wir, was uns geschenkt ist,
als Geschenk erkennen. Aber nur unser Herz kann sich zur
Dankbarkeit aufschwingen und so Sinn finden.

Gebet und Gebete 39
Es kommt nicht auf Gebete an, sondern aufs Beten – auf das
Gebet, das in seiner letzten Fülle dankbares Leben bedeu-
tet.

Kontemplation und Muße 57
Für uns alle (nicht nur für sogenannte »Kontemplative«) ist
Kontemplation die Erfüllung dankbaren Lebens. Kontem-
plation aber ist die Kunst, in Muße zu leben.

Glaube: *Vertrauen auf den Geber* 77
Dankbarkeit setzt voraus, daß wir uns auf das Leben, das
sich uns schenkt, verlassen. Jenseits all unserer Überzeugungen ist das Gebet des Glaubens das »Vom Worte Gottes
leben.«

Hoffnung: *Offenheit für Überraschung* 109
Dankbarkeit setzt voraus, daß wir uns offen halten für das
Leben als Überraschung. Jenseits all unserer Hoffnungen
ist das Gebet der Hoffnung, Sammlung in Stille.

Liebe: *Ein »Ja« zur Zugehörigkeit.* 143
Dankbarkeit setzt voraus, daß wir zum Geben-und-Neh-
men des Lebens ein bedingungsloses »Ja« sagen. Jenseits all
unseres Angezogen- und Abgestoßenseins ist das Gebet
der Liebe *contemplatio in actione* – kontemplative Schau
mitten im Handeln.

Fülle und Leere 165
Ein ABC dankbaren Lebens: Schlüsselwörter als Gedächt-
nisstütze.

In Dankbarkeit
widme ich dieses Buch
meiner Mutter, meinen Brüdern und meinen Schwestern
und all jenen, ohne die es niemals hätte
geschrieben werden können.

Ganz besonders danke ich Peter Stewart,
dem Gründer des Center for World Thanksgiving
in Dallas, Texas, daß er mich drängte, dieses Buch
zu schreiben, und daß er mich dabei unterstützte.

Mission Bay, Neuseeland, am 13. Juni 1983

Bruder David

Zum Geleit

Ein Buch, das im ersten Satz mit der »Fülle des Lebens« beginnt, im letzten Kapitel mit dem »Nichts« endet und zu dem Schluß kommt, daß das eine ohne das andere gar nicht existieren kann, erinnert an fernöstliches Denken, an ein Denken also, in dem das Gegengewicht zur Materie leerer Raum und zur Musik Schweigen bedeutet. Aber Bruder David entdeckt dieses doppelgesichtige Weltbild im Herzen des Christentums. Er spricht die Sprache einer *philosophia perennis,* die als implizite Ordnung allen natürlichen Erscheinungen und menschlichen Kulturen zugrunde liegt. Ihre Entfaltung, die uns Gott in der Fülle des Lebens offenbart, ist zutiefst geprägt durch die christliche Metapher der Dankbarkeit, und »Gratefulness« lautet deshalb auch der Titel der amerikanischen Originalausgabe.

Dankbarkeit gehört ebenso wie Erwartung, Verehrung, Empfängnis und Hingabe zu den Begriffen, die heute in unserer modernen, von der Technik beherrschten Welt mit der Vorstellung von »Schwäche« verbunden werden. Andere Kulturen erkannten in ihnen dagegen eine Kraft, aus der sowohl die Vielfalt als auch die Pracht des Lebens erst geboren werden konnte, denn Schönheit erwächst aus Bewunderung, Menschenleben aus Empfängnis, Weisheit aus Achtung und Fülle aus Dankbarkeit. Es gehört zu den großen Mysterien, daß die Dinge sich erst dann voll entfalten, wenn sie darum gebeten werden, und daß sie zu verwelken beginnen, wenn man sie erobern und ergreifen will.

Vielleicht hat Dankbarkeit sowohl eine über das religiöse Erlebnis als auch über die Kunst- und Naturbetrachtung hinausgehende metapolitische Bedeutung. Vielleicht kann sie zu einem Paradigma werden, das das Zusammenleben der Menschen

zukünftig bestimmt. Vielleicht könnte Dankbarkeit sogar ein-
mal zu einem wichtigen Grundsatz im Wirtschaftsleben werden.
Für Bruder David jedenfalls ist sie die Kraft, die »dem Leben die
Fülle (gibt), indem Nichts hinzugefügt wird.«

München, im Juli 1985   Herbert Röttgen

Lebendigsein und Wachsein

(An Stelle einer Einleitung)

Dieses Buch handelt vom Leben in Fülle. Es geht um das Lebendigwerden. Ich könnte es in zwei Worten zusammenfassen: Wache auf!

Ein Dichter wie Kabir vermag diese zwei Worte mit einer Frische auszudrücken, die aufmerken läßt. Kabirs Gedichte sind machtvoll. Sie erwecken uns zu einer Lebendigkeit, die wir nie für möglich hielten.

Hast du einen Körper? Dann sitz nicht auf der Veranda!
Geh hinaus in den Regen!

Wenn du verliebt bist,
warum schläfst du dann?

Wach auf, wach auf!
Du hast Abermillionen Jahre lang geschlafen.
Warum nicht aufwachen heut' morgen?

Auf meine Art versuche ich das Gleiche zu übermitteln. Und die Leute hungern danach. Überall auf der Welt wurde ich eingeladen, darüber zu sprechen. Und immer fragen die Leute: »Warum schreibst du nicht darüber?« Genau das habe ich hier getan.

Wozu also eine Einführung? Einige wenige Leser werden sie überfliegen. Der Rest wird sie ganz überspringen. Letztere werden dies also ohnehin nicht lesen. Und für die Überflieger habe ich einen Vorschlag. Am Ende dieses Buches findet sich eine alphabetische Liste von Schlüsselwörtern. Vielleicht möchtet ihr einen Blick darauf werfen. Wenn ich nicht völlig versagt habe, zeigt sie zwei Dinge:

1. Aufwachen ist ein fortlaufender Prozeß. Niemand wacht ein für alle Mal auf. Wachsein kennt ebenso wenig eine Grenze, wie es für Lebendigkeit eine Grenze gibt.
2. Es ist riskant, ein waches Leben zu führen. Dafür braucht man Mut.

Wir haben die Wahl zwischen Risiko und Risiko. Dem Risiko, daß wir ein Leben lang schlafen, niemals aufwachen. Oder aber wir wenden uns wachsam dem Risiko des Lebens zu, stellen uns der Herausforderung des Lebens, der Liebe.

Wenn du verliebt bist,
warum schläfst du dann?

Männer und Frauen, die den Mut haben, sich dieser Frage zu stellen, finden dieses Buch vielleicht hilfreich. Für andere wäre das Lesen Zeitverschwendung. Kabir sagte das so:

Wenn du ohnehin gleich in einen tiefen Schlaf fällst,
warum dann Zeit damit verschwenden, das Bett zu richten
und die Kissen aufzuschütteln?

Staunen und Dankbarkeit

Ein Regenbogen ist immer eine Überraschung. Das soll nicht heißen, daß man ihn nicht voraussagen könnte. Manchmal bedeutet überraschend unvorhersagbar, häufig aber bedeutet es mehr. Überraschend im umfassenden Sinn bedeutet irgendwie grundlos, geschenkt, gratis. Selbst das Vorhersagbare wird zur Überraschung, wenn wir aufhören, es für selbstverständlich zu halten. Wüßten wir genug, dann wäre alles vorhersagbar, und doch bliebe alles grundlos. Wüßten wir, wie das gesamte Universum funktioniert, dann wäre es immer noch überraschend, daß es das Universum überhaupt gibt. Mag es auch vorhersagbar sein, so ist es doch umso überraschender.

Unsere Augen öffnen sich diesem Überraschungscharakter unserer Welt im gleichen Moment, da wir aufwachen und aufhören, alles als selbstverständlich zu erachten. Regenbogen haben etwas an sich, das uns aufwachen läßt. Es kommt vor, daß ein uns völlig Unbekannter uns am Ärmel zieht und zum Himmel zeigt: »Haben Sie den Regenbogen bemerkt?« Gelangweilte und langweilige Erwachsene werden zu erregten Kindern. Vielleicht verstehen wir nicht einmal, was uns da aufscheuchte, als wir jenen Regenbogen sahen. Was war es? Es war das Geschenkhafte, das da in uns hereinplatzte, die Unentgeltlichkeit aller Dinge. Wenn so etwas geschieht, dann ist unsere spontane Reaktion Überraschung. Plato erkannte jene Überraschung als den Anfang aller Philosophie. Sie ist auch der Beginn von Dankbarkeit.

Eine kurze Begegnung mit dem Tod kann jene Überraschung auslösen. In meinem Leben kam das sehr früh zustande. Da ich im von den Nazis besetzten Österreich aufwuchs, gehörten Luftangriffe zu meiner täglichen Erfahrung. Und ein Luftangriff kann einem die Augen öffnen. Ich erinnere mich an einen Tag, als die Bomben zu fallen begannen, unmittelbar nachdem die Warnsirenen abgeschaltet waren. Ich befand mich auf der Straße. Da es mir nicht gelang, schnell genug einen Luftschutzbunker zu erreichen, rannte ich an eine nur ein paar Schritte entfernte Kirche. Um mich vor Glassplittern und Trümmern zu schützen, kroch ich unter eine Kirchenbank und verbarg mein Gesicht in den Händen. Als aber die Bomben draußen explodierten und der Boden unter mir erzitterte, da war ich sicher, daß das gewölbte Dach jeden Moment einstürzen und mich lebendig begraben würde. Nun, meine Zeit war noch nicht gekommen. Ein gleichbleibender Ton der Sirene verkündete, daß die Gefahr vorüber sei. Und da stand ich nun, reckte mich, klopfte den Staub aus meiner Kleidung und trat heraus in einen herrlichen Maimorgen. Ich lebte. Welch eine Überraschung! Die Gebäude, die ich vor weniger als einer Stunde noch gesehen hatte, waren jetzt rauchende Schuttberge. Was mich aber auf überwältigende Art und Weise überraschte, war, daß es dort überhaupt noch irgendetwas gab. Meine Augen fielen auf wenige Quadratmeter Rasen inmitten all dieser Zerstörung. Es war als hätte mir ein Freund auf seiner Handfläche einen Smaragd angeboten. Niemals, weder vorher noch hinterher, habe ich Gras so überraschend grün gesehen.

Überraschung ist nicht mehr als der Anfang jener Fülle, die wir Dankbarkeit nennen. Aber es ist ein Anfang. Bereitet uns die Vorstellung Schwierigkeiten, daß Dankbarkeit jemals unsere Grundhaltung zum Leben sein könnte? In Momenten der Überraschung können wir wenigstens einen kurzen Blick auf die Freude werfen, zu der uns Dankbarkeit die Tür öffnet. Mehr noch – in Augenblicken der Überraschung haben wir bereits einen Fuß in der Tür. Es gibt Menschen, die behaupten, Dankbarkeit nicht zu kennen. Aber gibt es irgendjemand, der niemals Überraschung gekannt hat? Überrascht uns der Frühling nicht jedes Jahr aufs neue? Oder jene weite Öffnung der Bucht, wenn wir auf der Straße um die Kurve biegen, wird sie uns nicht jedesmal wieder zur Überraschung, wenn wir jenen Weg nehmen?

Dinge und Ereignisse, die Überraschung auslösen, sind bloße

Katalysatoren. Ich habe deswegen mit Regenbogen begonnen, weil sie bei den meisten von uns etwas bewirken, aber es gibt persönlichere Auslöser. Wir müssen alle unseren eigenen finden, jeder von uns. Ganz gleich wie häufig jenes Rotkehlchen im Winter auf der Suche nach Körnerfutter auf dem Stein auftaucht, es ist eine Überraschung. Ich erwarte es. Ich habe selbst seine bevorzugten Fütterungszeiten herausgefunden. Lange bevor ich es sehen kann, höre ich es schon zirpen. Aber wenn jener rote Strahl auf den Stein herabschießt wie der Blitz auf Elias Altar, dann weiß ich, was e. e. cummings meint: »Die Augen meiner Augen sind geöffnet.«

Wenn wir erst einmal in dieser Weise aufwachten, dann können wir uns bemühen, wach zu bleiben. Und dann können wir es uns gestatten, langsam wacher und wacher zu werden. Aufwachen ist ein Prozeß. Es ist morgens ein recht unterschiedlicher Prozeß für verschiedene Menschen. Einige von uns wachen ruckartig auf und sind den Rest des Tages hellwach. Sie sind gut dran. Andere müssen es Stück für Stück tun, eine Tasse Kaffee nach der anderen. Was zählt, ist, daß wir nicht wieder zurück ins Bett steigen. Was auf unserem Weg zur Erfüllung zählt, ist die Erinnerung an die große Wahrheit, die uns Momente der Überraschung lehren wollen: alles ist unentgeltlich, alles ein Geschenk. Der Grad, in dem wir zu dieser Wahrheit aufgewacht sind, ist das Maß unserer Dankbarkeit. Und Dankbarkeit ist das Maß unserer Lebendigkeit. Sind wir nicht taub und tot für alles, was wir als selbstverständlich erachten? Ganz sicher bedeutet in dieser Weise taub zu sein, tot zu sein. Für jene, die aus Überraschung zum Leben erwachen, liegt der Tod in der Vergangenheit, nicht in der Zukunft. Ein Leben zu führen, offen für Überraschung, trotz all des Sterbens, das zum Leben gehört, macht uns immer lebendiger.

Es gibt unterschiedliche Grade dankbaren Wachseins. Unser Intellekt, unser Wille und unsere Emotionen müssen aufwachen. Wir wollen uns diesen Prozeß des Erwachens einmal genauer anschauen. Es ist der Wachstumsprozeß von Dankbarkeit.

Eine einzige Krokusblüte sollte genügen, um unser Herz davon zu überzeugen, daß der Frühling – gleich wie vorhersagbar er sein mag – irgendwie ein Geschenk ist, unentgeltlich, gratis, eine Gnade. Wir wissen dies mit einem Wissen, das über den Intellekt hinausreicht. Und doch ist unser Intellekt daran beteiligt. Ohne daß unser Intellekt seine Rolle einnimmt, können wir nicht dankbar sein. Wir müssen das Geschenk als Geschenk erkennen, und nur unser Intellekt kann das tun.

Für einige Menschen ist das nicht leicht. Es gibt solche, die einfach zu abgestumpft, zu langsam, vielleicht auch zu träge sind, um irgendetwas als Geschenk zu erkennen. Ihr Intellekt ist nicht wachsam genug. Sie halten alles für selbstverständlich. Sie gehen wie betäubt durchs Leben. Es bedarf einer gewissen intellektuellen Schärfe, um dankbar zu sein. Aber es gibt auch jene mit der gegenteiligen Geistesverfassung. Menschen, die sich ausschließlich auf ihren Intellekt verlassen. Auch jene klugen Leute könnten Schwierigkeiten mit der Dankbarkeit haben. Wenn der Intellekt darauf besteht, den unumstößlichen Beweis dafür zu finden, daß ein Geschenk auch wirklich ein Geschenk ist, dann steckt man fest. Es gibt immer die Möglichkeit, daß etwas, das wie ein Geschenk aussieht, eigentlich eine Fallgrube, ein Köder, eine Bestechung ist. Man braucht sich nur einige der Kommentare anzuhören, die beim Auspacken von Weihnachtsgeschenken laut werden. »Nun schau dir das an! Warum sollten uns die Meyers solch ein teures Geschenk schicken? Ich möchte zu gern wissen, um welchen Gefallen sie uns im Neuen Jahr bitten werden!« Wer kann den Beweis antreten, daß absolut kein Haken daran ist? Unser Herz sehnt sich nach der Überraschung, daß ein Geschenk auch wirklich ein Geschenk ist. Unser stolzer Intellekt aber stutzt bei einer Überraschung und will sie erklären, hinwegerklären.

Der Intellekt allein bringt uns nur ein Stück weit. Er hat einen Anteil an Dankbarkeit, aber eben nur einen Anteil. Unser Intellekt sollte wach genug sein, die vorhersagbare Hülle der Dinge bis zu ihrem Kern zu durchschauen, um dort ein Körnchen Überraschung vorzufinden. Das allein ist eine anspruchsvolle Aufgabe. Aber Aufrichtigkeit verlangt ebenso, daß der Intellekt genügend demütig sei, das heißt genügend bodenständig, um seine Grenzen zu kennen. Der Geschenkcharakter aller

16

Dinge kann erkannt, nicht aber bewiesen werden – zumindest nicht durch den Intellekt. Beweise finden sich im Leben. Und am Leben ist mehr, als der Intellekt zu fassen vermag.

Auch unser Wille muß seine Rolle übernehmen. Auch er gehört zur ganzen Fülle von Dankbarkeit. Es ist die Aufgabe des Intellekts, etwas als Geschenk zu erkennen, der Wille aber muß den Geschenkcharakter anerkennen. Erkennen und Anerkennen sind zwei verschiedene Aufgaben. Auch gegen unseren Willen können wir etwas erkennen. Der Wille kann dem die Anerkennung verweigern, was der Intellekt sieht. Aufgeweckt durch Überraschung können wir entdecken, daß das, was wir eine »gegebene« Welt nennen, wirklich *gegeben* ist. Denn wir haben sie weder gemacht noch verdient; höchstwahrscheinlich haben wir sie noch nicht einmal voll akzeptiert. Was wir vorfinden, ist eine gegebene Wirklichkeit, und wir erkennen sie als gegeben. Aber nur wenn wir dieses Geschenk anerkennen, wird unser Erkennen zur Dankbarkeit führen. Und ein Geschenk anzuerkennen, könnte sich als viel schwieriger erweisen, als es zu erkennen.

Nehmen wir beispielsweise das Wetter. Jeder ist sich dessen bewußt, daß das Wetter an einem gegebenen Tag eine gegebene Tatsache ist, und ganz gleich wie sehr wir uns darüber beschweren, ändern werden wir es nicht. Es ist jedoch ein Unterschied, ob wir das Wetter bloß als gegebene Tatsache erkennen oder aber bereit sind, es in der Tat als gegeben – und das heißt als Geschenk – anzuerkennen. W. H. Auden stellt fest:

> ... weather
> Is what nasty people are
> Nasty about, and the nice
> Show a common joy in observing.

(... Wetter/ Ist das, worüber garstige Menschen/ Garstig sind und was die Netten/ In freudiger Betrachtung eint.)

Soweit es ums Erkennen der Wetterlage geht, sind sich die Netten und die Garstigen einig. Aber von da an trennen sich ihre

Wege. Was veranlaßt die Netten zur Freude? Sie wirken wie Kinder, die ein Geschenk auspacken. Die Boshaften aber weigern sich, es als Geschenk anzuerkennen.

Warum ist es so schwierig, ein Geschenk als Geschenk anzuerkennen? Der Grund dafür ist dieser. Wenn ich zugebe, daß etwas ein Geschenk ist, dann gebe ich auch meine Abhängigkeit vom Geber zu. Das mag sich nicht sonderlich schwierig anhören, aber es gibt etwas in uns, das sich bei der Vorstellung von Abhängigkeit sträubt. Wir wollen es allein schaffen. Ein Geschenk aber ist etwas, das wir nicht einfach uns selbst vermachen können – zumindest nicht als Geschenk. Ich kann das gleiche oder sogar etwas besseres kaufen. Aber es wird kein Geschenk daraus, wenn ich es für mich selbst beschaffe. Ich kann ausgehen und mir etwas ganz Großartiges leisten. Ich kann später sogar dankbar sein für die herrliche Zeit, die ich verbrachte. Aber kann ich mir selbst dankbar sein dafür, mir so etwas Feines geleistet zu haben? Das wäre halsbrecherische geistige Akrobatik. Dankbarkeit geht immer über mich selbst hinaus. Denn was etwas zu einem Geschenk macht, ist eben die Tatsache, daß es gegeben ist. Und der Empfänger ist abhängig vom Geber.

Diese Abhängigkeit ist immer dabei, wenn ein Geschenk gegeben und empfangen wird. Selbst eine Mutter ist bei dem geringsten Geschenk von ihrem Kind abhängig. Angenommen ein kleiner Junge kauft seiner Mutter einen Strauß Narzissen. Er gibt nichts her, was er nicht bereits empfangen hätte. Seine Mutter gab ihm nicht nur das Geld, das er ausgab, sondern selbst sein Leben und die Erziehung, die ihn großzügig machte. Und doch ist sein Geschenk etwas, was sie von seinem Geben abhängig macht. Auf keine andere Weise könnte sie es als Geschenk erhalten. Und sie findet mehr Freude in jener Abhängigkeit als in dem Geschenk an sich. Schenken ist ein Feiern des Bandes, das Gebenden und Empfangenden verbindet. Jenes Band ist Dankbarkeit.

Wenn ich ein empfangenes Geschenk anerkenne, dann erkenne ich das Band an, das mich an den oder die Gebende bindet. Aber wir neigen dazu, die Verpflichtungen zu fürchten, die sich aus dieser Bindung ergeben. Als ich vor dreißig Jahren Englisch lernte, drückte man in Amerika in der Regel seinen Dank dadurch aus, daß man »sehr verbunden« (»very much obliged«) sagte. Kaum jemand benutzt diesen Ausdruck heute. Warum nicht? Einfach deshalb, weil wir nicht verbunden sein wollen. Wir wollen mit uns selbst auskommen. Unsere Sprache verrät uns.

Natürlich gibt es auch eine gesunde Seite unseres Wunsches nach Unabhängigkeit. Wir wollen selbst für uns sorgen. Ohne diesen Wunsch würden wir niemals dem Stadium des Gefüttertwerdens entwachsen. Und um aus diesem Stadium herauszukommen, mußten wir durch eine Phase hindurch, bei der am Ende unserer Mahlzeit Nase, Kinn, Ohren und Lätzchen mit Haferflocken verschmiert waren. Aber selbst nachdem wir uns selbst zu ernähren gelernt haben, sollte man davon ausgehen können, daß wir verständig genug sind, uns von einer Krankenschwester füttern zu lassen, wenn sich das als notwendig erweisen sollte. Erwachsen zu werden heißt beides lernen, uns selbst helfen zu können, aber auch Hilfe anzunehmen, wenn wir sie brauchen. Einige Leute scheinen niemals dem Stadium des »das will ich alleine machen« zu entwachsen. Doch mitfühlende Augen durchschauen die äußere störrische Unabhängigkeit und erkennen dahinter ein Kind auf einem Kinderstuhl, mit Haferflocken von der Nase bis zu den Zehen.

In gewissem Sinne ist es richtig, Abhängigkeit zu fürchten. Bloße Abhängigkeit ist Sklaverei. Unabhängigkeit aber ist eine Illusion. Hätten wir wirklich zwischen Abhängigkeit und Unabhängigkeit zu wählen, dann wären wir in Schwierigkeiten. Tatsächlich geht es um die Wahl zwischen Entfremdung und gegenseitiger Abhängigkeit. Unabhängigkeit ist Entfremdung. Sie schneidet uns ab von anderen. Bloße Abhängigkeit aber ist – auf subtile Weise – auch Entfremdung. Denn bloße Abhängigkeit ist Sklaverei; und ein Sklave ist ein Fremder. Gegenseitige Abhängigkeit hingegen verbindet uns mit anderen über das Band eines freudigen Gebens-und-Nehmens, über ein Band des Zusammengehörens. Abhängigkeit bindet uns mit den Banden der Sklaverei. Unabhängigkeit bindet uns mit den Banden der

Illusion. Die Bande der gegenseitigen Abhängigkeit jedoch sind Bande, die uns frei machen. Ein einziges Geschenk in Dankbarkeit anerkannt besitzt die Macht, uns aus den Banden unserer Entfremdung zu befreien, und schon sind wir frei – zuhause, wo alle von allen abhängen.

Die gegenseitige Abhängigkeit von Dankbarkeit ist wirklich wechselseitig. Der Empfänger eines Geschenks hängt vom Geber ab. Das ist ganz offensichtlich. Aber der Kreis von Dankbarkeit ist unvollkommen, solange der Geber des Geschenks nicht zum Empfänger wird: zum Empfänger des Dankes. Das größte aller Geschenke ist das Danksagen. Geben wir Geschenke, dann geben wir, was wir uns leisten können, danken wir aber, dann geben wir uns selbst. Ein Mensch, der zu einem anderen »ich danke dir« sagt, sagt eigentlich: »Wir gehören zusammen.« Gebender und Dankender gehören zusammen. Das Band, das sie vereint, befreit sie von Entfremdung. Leidet unsere Gesellschaft deshalb so sehr unter Entfremdung, weil es uns nicht gelingt, Dankbarkeit zu kultivieren?

Im selben Moment, da ich das Geschenk als Geschenk anerkenne, und damit meine Abhängigkeit, bin ich frei – frei, um meine ganze Dankbarkeit auszudrücken. Diese Fülle kommt mit der Freude aus der Würdigung des Geschenks. Würdigung, Wertschätzung ist eine Reaktion unserer Gefühle. Unser Intellekt erkennt das Geschenk als Geschenk, unser Wille erkennt es an, aber nur unsere Gefühle reagieren mit Freude und uneingeschränkter Wertschätzung auf das Geschenk.

Vor vielen Jahren sah ich einmal ein Foto, das ich nie vergessen sollte: zwei afrikanische Kinder mit strahlendem Lächeln. Und darunter stand zu lesen: »Freude ist die Dankbarkeit der Kinder Gottes.« Als ich später in Afrika herumreiste, entdeckte ich wieder jenes Lächeln und erinnerte mich an die Worte. Überall auf der Welt ist Freude der wahre Ausdruck von Dankbarkeit. Aber nicht überall lassen die Kinder Gottes jene Freude so sehr durchscheinen wie in Schwarzafrika. Nirgends habe ich strahlendere Freude in Kinderaugen gesehen als im früheren Biafra. In Enugu begegnete ich Gruppen von Kindern, die sich nach einbrechender Dunkelheit an einer geschäftigen Straßenecke versammeln, einen kleinen Altar aufbauen, und ohne sich von dem Drunter und Drüber der Erwachsenen um sie herum stören zu lassen, den Rosenkranz beten. Ich erfuhr, daß die Kinder während der blutigsten Kriegstage damit begonnen hatten. Mehr als ein Jahrzehnt lang ist diese Angewohnheit von einer Kindergeneration auf die nächste übergegangen. Und dann wurde mir langsam klar, daß die Freude, die ich beobachtet hatte, auf einem tiefen Wissen um das Leid spielt, wie die Sonnenstrahlen auf der Oberfläche der dunklen Wasserlöcher. Nur ein Herz, dem der Tod nichts Unbekanntes ist, kann das Geschenk des Lebens mit einem so tiefen Gefühl der Freude würdigen.

An späterer Stelle werden wir die Bedeutung von »Herz« im Kontext von Dankbarkeit beleuchten. Und dann, so glaube ich, wird klarer werden, warum Intellekt, Wille und Emotionen, warum alle drei am Danken beteiligt sein müssen. Alle drei gehören zu dem, was wir unter Herz verstehen. Alle drei gehören deshalb auch zu unserer Vorstellung von Dankbarkeit. Entweder ist das Danken eine Geste des ganzen Herzens, oder es ist gar nichts.

Wir sahen bereits, daß unser Intellekt einen geraden Kurs zwischen Taubheit und Spitzfindigkeit steuern muß, um die gegebene Welt als ein wirkliches Geschenk zu erkennen. Und schon bald wird klar, wie schwierig diese unmittelbare Einfachheit für unseren komplexen, verdrehten Geist ist. Unser Wille muß dafür sorgen, daß er sowohl zwanghafte Selbständigkeit als auch sklavische Abhängigkeit vermeidet, um freiwillig das Band anzuerkennen, das das Geschenk herstellt. Auch dies läßt sich bald als eine schwierige Aufgabe erkennen. Aber wenn wir die Rolle betrachten, die unsere Gefühle bei der Würdigung eines Geschenks spielen, dann scheint das kinderleicht. Und doch müssen wir auch hier zwei Fallstricke vermeiden, um jene kindliche, freie Antwort zu finden, in der unsere Gefühle voller Dankbarkeit schwingen.

Eine der beiden Fallen, in denen sich unsere Gefühle verfangen können, macht aus uns ein Mauerblümchen, die andere einen Vampir. Der Vampir in uns kann den Tanz nicht wirklich genießen, weil er zu ungeduldig und versessen ist. Das Mauerblümchen kann es nicht, weil es sich nicht traut. Der eine quetscht den letzten Tropfen Gefühl aus jeder Erfahrung. Die Gefühle des anderen sind zu häufig verletzt worden. Aber das Kind in uns tanzt, selbstvergessen und spontan, mit einer anmutigen Geste der Dankbarkeit.

Wir wissen, wie sehr wir dazu neigen, die Geschenke des Lebens einfach zu packen und damit fortzulaufen. Wir sind uns der ersten Falle durchaus bewußt. Erinnern wir uns daran, wie verwundbar unsere Gefühle sind, dann werden wir uns auch der zweiten Falle bewußt. Nie sind wir verwundbarer, als in jenen Momenten, da wir mit dem Herzen reagieren. Denn die Momente der Dankbarkeit sind jene, in denen wir unsere Herzen öffnen, wodurch wir leichter zu verwunden sind.

Erinnere dich beispielsweise an folgende Situation. Du bemerkst, wie dir jemand zulächelt; in dankbarer Anerkennung erwiderst du das Lächeln. Dann aber scheint irgendetwas nicht zu stimmen. Du schaust dich um und entdeckst jemanden hinter dir, für den das Lächeln eigentlich bestimmt war. Das tut weh, nicht wahr? Natürlich ist es kein großes Trauma. Aber wir können uns vorstellen, daß jemand, dessen Gefühle immer wieder verletzt wurden – ganz besonders im Verlauf der Kindheit –, dauerhaft verletzt sein könnte. Dieser Mensch könnte regelmäßig Geschenke anerkannt haben, die sich entweder als gar keine Geschenke herausstellten oder aber für andere bestimmt waren. Und langsam entwickelte sich ein emotionales Narbengewebe, das Gefühlsreaktionen unbeholfen und schmerzhaft werden läßt. Dieser Mensch dürfte im Umgang mit seinen Gefühlen Hilfe benötigen, um wieder gewandt zu werden. Hier handelt es sich um das emotionale Gegenstück von Physiotherapie.

Intellekt, Wille und Emotionen – sie alle haben jeweils eine ganz bestimmte Rolle zu spielen, und alle drei müssen bei aufrichtiger Dankbarkeit harmonisch zusammenspielen. Jetzt können wir einen Schritt weitergehen und fragen: Wie können wir selbst dankbarer werden? Auf der Suche nach Möglichkeiten, unsere Dankbarkeit wachsen zu lassen, werden wir uns wiederum nacheinander mit dem Intellekt, dem Willen und den

Emotionen beschäftigen. Zunächst ist es wichtig, dort zu beginnen, wo wir uns befinden. Wie könnten wir anderswo beginnen? Und doch, wie häufig fangen wir etwas weit entfernt von uns an! Das führt zu nichts. Aber ganz gleich, wo wir uns befinden, Hilfe gibt es immer. Das Leben bietet uns all die Hilfe, die wir benötigen. Wenn wir darauf vertrauen und uns umschauen, werden wir sie finden. Das Leben ist voller Überraschungen. Und Überraschung ist der Schlüssel zur Dankbarkeit.

Es spielt keine Rolle, wie taub oder intellektuell verfangen wir sind, Überraschung ist immer nahe. Selbst wenn in unserem Leben außerordentliche Überraschungen selten sind, das ganz Normale möchte uns immer wieder aufs Neue überraschen. Wie ein Freund mir eines Wintermorgens aus Minnesota schrieb: »Ich war vor Sonnenaufgang auf den Beinen und beobachtete Gott dabei, wie er alle Bäume weiß anmalte. Den Großteil Seiner besten Arbeit tut Er, während wir schlafen, um uns beim Aufstehen zu überraschen.«

Es ist ebenso wie bei der Überraschung, die wir in unserem Regenbogen fanden. Wir können lernen, unseren Sinn für Überraschungen nicht nur durch das Außergewöhnliche anklingen zu lassen, sondern vor allem durch einen frischen Blick für das ganz Alltägliche. »Natur ist niemals verbraucht«, sagt Gerard Manley Hopkins und preist Gottes Größe. »Ganz tief in den Dingen lebt die köstlichste Frische.« Die Überraschung des Unerwarteten vergeht, aber die Überraschung über jene Frische vergeht niemals. Bei Regenbogen ist das offensichtlich. Weniger offensichtlich ist die Überraschung jener Frische in den allergewöhnlichsten Dingen. Wir können lernen, sie so klar zu sehen, wie wir den puderartigen Reif auf frischen Blaubeeren sehen können, »ein Schleier aus dem Atem eines Windes«, wie Robert Frost das nennt, »ein Glanz, der mit der Berührung einer Hand vergeht«.

Wir können uns dazu trainieren, uns für jenen Hauch von Überraschung empfänglich zu machen, indem wir ihn zunächst dort entdecken, wo wir ihn am leichtesten finden. Das Kind in uns bleibt immer lebendig, immer offen für Überraschungen; nie hört es auf, vom einen oder anderen erstaunt zu sein. Vielleicht sah ich »an diesem Morgen des Morgens Liebling«, Gerard Manley Hopkins »vom Morgengrauen gezogenen Falken schweben«, oder einfach das Stückchen Zahnpasta auf meiner Zahnbürste. Für das Auge des Herzens sind sie alle gleich erstaunlich, denn die allergrößte Überraschung ist die, daß es überhaupt etwas gibt – daß wir hier sind. Den Geschmack unseres Intellekts für Überraschung können wir kultivieren. Und alles, was uns erstaunt aufschauen läßt, öffnet »die Augen unserer Augen«. Wir fangen an, alles als Geschenk zu betrachten. Ein paar Millimeter Überraschung können zu Meilen von Dankbarkeit führen.

Überraschung führt uns auf den Weg der Dankbarkeit. Dies gilt nicht nur für unseren Intellekt, sondern auch für den Willen. Es spielt keine Rolle, wie beharrlich sich unser Wille an unsere Selbständigkeit klammert, das Leben bietet uns die Hilfe, die zum Entkommen aus dieser Falle nötig ist. Selbständigkeit ist eine Illusion. Und früher oder später zerbricht jede Illusion am Leben. Wir alle wären nicht das, was wir sind, ohne unsere Eltern, Lehrer und Freunde. Selbst unsere Feinde helfen dabei. Niemals hat es jemanden gegeben, der sich selbst zu dem gemacht hat, was er ist. Jeder von uns braucht andere. Früher oder später begreifen wir diese Wahrheit. Ein plötzlicher Trauerfall, eine lange Krankheit oder irgendetwas anderes – ganz überraschend hat uns das Leben eingefangen. Eingefangen? Überraschend befreit, sollte ich besser sagen. Vielleicht schmerzt es, aber Schmerz ist ein geringer Preis für die Freiheit von Selbsttäuschung.

Selbständigkeit ist auch auf einer tieferen Ebene noch Selbsttäuschung. Unser wahres Selbst ist nicht das kleine individualistische Selbst neben anderen. Dies entdeckten wir in jenen Augenblicken, in denen wir zu unserer großen Überraschung eine tiefe Kommunion mit allen anderen Wesen erfahren. Diese Momente gibt es in unser aller Leben. Vielleicht erinnern wir sie als »Hochwassermarken« der Bewußtheit, der Lebendigkeit, als Momente unserer besten Verfassung, als jene Augenblicke, in denen wir am meisten wir selbst waren. Vielleicht aber versuchen wir auch die Erinnerung an jene Momente zu verdrängen, denn jene Springflut der Kommunion ist eine Bedrohung der defensiven Isolation, in der wir uns geschützt vorkommen. Die Mauern, hinter denen wir uns verstecken, mögen dem Ansturm des Lebens lange standhalten. Aber ganz plötzlich, an irgendeinem Tag, wird, wie in dem folgenden Bericht aus *The Protean Body* von Don Johnson, die große Überraschung über uns einbrechen:

> Ich ging hinaus auf eine Mole im Golf von Mexico. *Ich hörte auf zu sein.* Ich erfuhr mich als Teil des Windes, der von der See hereinkam, als Bestandteil der Bewegung von Wasser und Fischen, der Sonnenstrahlen, der Farben der Palmen und tropischen Blumen. Es gab keine Vorstellung mehr von Vergangenheit oder Zukunft. Und es war kein besonders seliges Erlebnis: es war furchterregend. Es war die Art ekstatischer Erfahrung, die ich mit einigem Aufwand an Energie zu vermeiden versucht hätte.
>
> Ich erlebte mich nicht als *identisch* mit Wasser, Wind und Licht, sondern als nähme ich teil am gleichen Bewegungssystem. Wir tanzten alle miteinander ...

In diesem großartigen Tanz sind Gebende und Empfangende eins. Ganz plötzlich können wir erkennen, wie unwesentlich es ist, welche der beiden Rollen man in einem gegebenen Moment zu spielen hat. Jenseits aller Zeit ruht unser wahres Selbst in vollkommener Stille in sich selbst. Verwirklicht wird dies in der Zeit durch ein anmutiges Geben-und-Nehmen im Tanz des Lebens. Wie bei einem sich schnell drehenden Kreisel sind Stille und Tanz eins. Nur in jenem Einssein von Geben und Nehmen findet sich wahre Selbständigkeit. Jede andere Selbständigkeit ist Illusion. Das Wirkliche aber erweist sich am Ende immer als jeder Illusion überlegen. Früher oder später wird es durchscheinen wie die Sonne durch den Nebel. Das Leben, unser Lehrer, wird das besorgen.

Manchmal drücken wir zwanghafte Unabhängigkeit dadurch aus, daß wir ständig bemüht sind, anderen zu helfen, während wir gleichzeitig jede Hilfe ablehnen, die wir selbst gut gebrauchen könnten. Sollte das so sein, dann wollen wir auch in diesem

Fall dort beginnen, wo wir sind. Wir wollen fragen: Was täte ich, wenn es niemanden gäbe, der meine Hilfe benötigt? Der Helfer benötigt den Hilflosen ebenso sehr wie der Hilflose des Helfers bedarf. Hilfe ist aber keine Einbahnstraße, sondern ein Geben-und-Nehmen. Wir wollen weiterhin, wie bisher, Freude finden am Helfen, aber dem noch eine weitere Freude hinzufügen, die sich dann ergibt, wenn wir anerkennen und akzeptieren, daß unser eigenes Bedürfnis gebraucht wird. Sobald wir Geschmack an dieser Freude gefunden haben, werden wir sie überall finden. Denn gleich wo wir uns gerade befinden, irgendwie sind wir immer an einem universellen Geben-und-Nehmen beteiligt.

Sind unsere Gefühle zu vernarbt oder zu erschöpft, um voll in diesem Geben und Empfangen mitzuschwingen, so finden wir vielleicht einen winzigen Bereich, in dem wir spontan mit Freude reagieren. Das ist unser Ausgangspunkt. Und wieder einmal: Wo wir sind, nicht wo wir sein möchten, ist der Ort, an dem wir anfangen müssen. Und auch hier kann Überraschung zum auslösenden Funken werden. Was hilft dir, dich wohlzufühlen? Körpertraining? Harmonie zuhause? Die Gelegenheit anderen zu helfen? Was immer es sein mag, ihm liegt Überraschung zugrunde. Wann immer unsere Gefühle jene »Frische tief im Innern der Dinge« berührt, erzittern sie mit jugendlicher Freude. Wenn wir damit anfangen, Freude voll dort auszu-kosten, wo es uns heute gelingt, dann werden immer weitere Bereiche wieder jung und frisch werden und reagieren. Dank-barkeit macht uns jung. Indem wir langsam immer dankbarer werden, werden wir mit jedem Tag jünger. Warum auch nicht?

Ich will zusammenfassen. Überraschung ist der Ausgangs-punkt. Überraschung öffnet unsere inneren Augen für die erstaunliche Tatsache, daß alles geschenkt ist. Nichts, aber auch gar nichts kann als selbstverständlich erachtet werden. Und was nicht selbstverständlich ist, ist ein Geschenk. Genau das ist die gewichtige Bedeutung jenes Ausdrucks, den wir so locker handhaben, wenn wir von »einer gegebenen Welt« sprechen. Was wir meistens meinen, wenn wir von einer gegebenen Situation sprechen, von einer gegebenen Tatsache, einer gegebe-nen Welt, ist, daß wir sie nicht ändern können. Aber das kann man kaum sinn*voll* nennen (mit der Betonung auf voll). Woran wir auch denken sollten, wenn wir etwas gegeben nennen, ist, daß es ein Geschenk ist. Wahre Aufmerksamkeit behält jenen Geschenkaspekt der Welt im Blick. Sobald unser Intellekt den Geschenkaspekt der Welt zu erkennen und unser Wille ihn anzuerkennen lernt, und wenn unsere Gefühle ihn zu würdigen lernen, wird unser Wachsein immer weitere Bereiche unserer Welt mit Leben erfüllen. Ich sehe das Bild der sich ausdehnenden kleinen Wellen auf einem Teich vor mir. Der Kiesel, der sie auslöste, ist die kleine Überraschung. Und mit der Ausdehnung der kleinen kreisförmigen Wellen werden wir lebendig. Am Ende wird Dankbarkeit unsere uneingeschränkte Lebendigkeit angesichts einer geschenkhaft gegebenen Welt sein.

Herz und Sinn

Dankbarkeit ist, wie wir gesehen haben, eine sinnvolle Geste des Herzens. Unser Intellekt, unser Wille, unsere Gefühle sind alle beteiligt, wenn wir dankbar sind. Aber wenn wir sinnvoll sagen, dann könnte man den Eindruck gewinnen, daß wir den Sinn, den Geist gegenüber dem Rest unserer Person überstrapazieren. Vielleicht ist es weniger irreführend, wenn wir stattdessen vom Herzen reden. Dankbarkeit ist eine uneingeschränkte, eine volle innere Antwort. Wir spüren das. Und ebenso spüren wir, daß diese Art Fülle zu Halbherzigkeit nicht passen will. Dankbarkeit kommt immer aus ganzem Herzen. Der ganze Mensch ist daran beteiligt. Und genau dafür steht das Symbol des Herzens – für den ganzen Menschen.

Wenn Liebende einander sagen: »Mein Herz gehört dir«, dann meinen sie nicht: »Dir gehört ein *Teil* von mir.« Nicht einmal der beste Teil reicht dann aus. Was sie ausdrücken möchten ist, daß sie bereit sind, sich selbst zu geben, sich ganz zu geben, ihr ganzes Wesen. Mehr noch: das Herz ist kein statisches Symbol. Es ist dynamisch, lebendig. Das Herz ist der pulsierende Kern unserer Lebendigkeit in mehr als einem bloß körperlichen Sinn. »Mein Herz gehört dir« zu sagen, heißt »mein Leben gehört dir«. Dankbarkeit ist volle Lebendigkeit, und eben diese Lebendigkeit wird im Symbol des Herzens zusammengefaßt. All meine Vergangenheit, meine zukünftigen Möglichkeiten – dieser Herzschlag in eben diesem Moment hält all das zusammen.

Wenn wir vom Herzen sprechen, lautet das Schlüsselwort »eins«. Herz bedeutet jene Mitte unseres Seins, in der Intellekt und Wille und Gefühle, Geist und Körper, Vergangenheit und Zukunft eins werden. Wenn wir den Punkt entdecken, an dem unser Leben eins wird, dann entdecken wir das Herz. Und darum nenne ich das Herz die »Pfahlwurzel« des ganzen Men-

schen. Greifen wir nach der Pfahlwurzel einer Löwenzahn-
pflanze, die herausgezogen werden soll, oder nach der eines
Hartriegels, den wir umpflanzen wollen, dann ist uns klar, daß
wir die ganze Pflanze anpacken müssen. Und es gibt Augenblicke, in denen irgendetwas eben jene Wurzel unseres eigenen
Seins berührt. Wenn das geschieht, dann geht es uns ans Herz.

Wir alle erinnern uns an Zeiten, wenn etwas unser Herz
ergriff. Wir wissen aus Erfahrung, daß solche Momente uneingeschränkter Aufmerksamkeit, wenn wir mit Herz und Geist voll
dabei sind, Augenblicke seliger Ganzheit sind, Momente der
Vereinigung, in denen wir uns mit allem eins fühlen. Was nun
diese plötzliche Selbstentdeckung auslöst, könnte eine gewichtige Entscheidung sein, ein Schicksalsschlag, der uns hart trifft,
eine unvergeßliche Begegnung, ein langerwartetes Ereignis.
Aber in der Regel ist das, was uns zutiefst berührt, eine
überraschend kleine Angelegenheit, ein alltägliches Ereignis,
irgendetwas, das wir schon hundertmal vorher gemacht haben.
Es scheint keinen besonderen Grund dafür zu geben, warum es
uns beim hundertundersten Mal auf so erstaunliche Weise
berühren sollte, aber es geschieht dennoch. Jeden Nachmittag
schaut eine Mutter auf ihr in der Krippe liegendes Baby, doch
heute überflutet der Anblick ihr ganzes Herz mit einer Dankbarkeit, die zu tief ist, um sich mit Worten ausdrücken zu lassen.
Oder du fährst über ein Stück Landstraße, auf der du zweimal
täglich entlangkommst, aber diesmal ergreift das Summen des
Motors, die roten und weißen Fahnen des Gebrauchtwagen-
händlers, ja eben das Alltägliche dieses Moments dein Herz mit
außerordentlicher Macht.

Es ist fast unmöglich, solche Höhepunkte an Lebendigkeit in
Worte zu fassen. Aber Worte können auf sie hinweisen und
Erinnerungen auslösen. Was man zuerst erinnert von diesen
Augenblicken des Herzens, ist ein tiefes, alles durchdringendes,
überfließendes Gefühl von Dankbarkeit. Diese Dankbarkeit ist
nicht das gleiche wie das Danken. Sie verursacht das Danken,
liegt selbst aber tiefer. Noch bevor sie sich im Dank an Gott oder
an das Leben äußert, verdient die Erfahrung den Namen Dankbarkeit, denn es ist die volle, rückhaltlose Antwort auf einen

geschenkhaft gegebenen Augenblick. Wenn unser dankendes Empfangen sich der gegebenen Welt völlig öffnet, dann sind wir plötzlich eins. Wir antworten vom Herzen her, von jener Mitte, wo Einheit und Einigkeit walten.

In der Erinnerung an solche Höhepunkte der Herzenserfahrung können wir leicht erkennen, daß es dabei um das Einswerden geht. Das Erlebnis läßt uns im Tiefsten eins werden. Darüberhinaus wird uns die Erinnerung an diese Erfahrung erkennen helfen, daß das Wort »eins« in diesem Zusammenhang weitaus mehr bedeutet, als wir vielleicht annahmen. Im Herzen unseres Herzens sind wir in einem tiefen, vollen und umfassenden Sinne eins mit uns selbst, und das so umfassend und so tief, daß es gleichzeitig darauf hinausläuft, daß wir mit allen anderen Menschen im Herzen eins sind.

Im Innersten unseres Herzens finden wir uns in einem Bereich, in dem wir nicht nur auf das Innigste mit uns selbst, sondern ebenso mit anderen vereint sind, mit allen anderen. Das Herz ist kein einsamer Ort. Es ist der Bererich, in dem Alleinsein und Beisammensein zusammentreffen. Ist es nicht so, daß unsere ureigenste Erfahrung uns das lehrt? Kann man jemals sagen: »Jetzt bin ich wirklich bei mir, obwohl ich anderen entfremdet bin«? Oder: »Ich bin wirklich eins mit anderen, oder auch nur mit einer anderen Person, die ich liebe, und doch bin ich mir selbst entfremdet«? Undenkbar! Im selben Moment, da wir eins sind mit uns selbst, sind wir mit allen anderen eins. Dann haben wir die Entfremdung überwunden. Und das Herz steht für jenen Kern des Seins, wo lange vor der Entfremdung ursprüngliche Zusammengehörigkeit herrschte.

Sie sind die zwei Pole unserer allergrundsätzlichsten Wahl: Entfremdung und Zugehörigkeit, Synonyme für Sünde und Erlösung. »Sünde« ist ein Wort, das heutzutage viel von seiner Brauchbarkeit eingebüßt hat. Viel zuviele Leute verstehen den Begriff einfach nicht mehr. Und welchen Sinn hat es, eine Sprache zu benutzen, die eher mehr denn weniger mißverstanden wird. Sage ich hingegen »Entfremdung«, dann weiß jeder, was ich meine. Die Bedeutung des Wortes für unseren heutigen Erfahrungsbereich ist praktisch identisch mit dem, was man in der Vergangenheit »Sünde« nannte. Zugehörigkeit ist andererseits genau das, wonach sich unser ganzes Wesen sehnt. Ein älteres Wort nannte dies »Erlösung«. »Erlösung« stand einmal für jene Verwirklichung allumfassender Ganzheit, die das Wort Zugehörigkeit für uns hier bedeutet. Im Innersten unseres Herzens wissen wir, daß Ganzheit grundsätzlicher, ursprünglicher ist als Entfremdung, und so verlieren wir niemals ganz ein eingeborenes Vertrauen darauf, daß wir am Ende ganz und beieinander – eins sein werden.

Der Dichter Rainer Maria Rilke besingt sowohl unsere Sehnsüchte nach Heilung und Ganzheit als auch unsere tiefe Überzeugung, daß die heilende Kraft Gottes unserem innersten Herzen entspringt. Er findet Gott, »die Stelle welche heilt«, während wir, wie an ihrer Narbe herumfingernde Kinder, sie mit den scharfen Kanten unserer Gedanken immer wieder neu aufreißen. Könnten wir nur all diese Aufregung in uns und um uns, den Lärm, der uns ablenkt, beruhigen. In der Stille könnten tausend verstreute Gedanken in einem einzigen zusammengefaßt werden. Und in der tausendfältigen Kraft jener Konzentration könnten wir Gott einen lächelnden Moment lang in einem einzigen Gedanken halten. Gerade lange genug, um jene göttliche Gegenwart an alles Leben zu verschenken. Und welche Form könnten wir solch einem Geschenk geben? Rilkes Antwort ist Dank.

Wenn es nur einmal so ganz stille wäre.
Wenn das Zufällige und Ungefähre
verstummte und das nachbarliche Lachen,
wenn das Geräusch, das meine Sinne machen,
mich nicht so sehr verhinderte am Wachen –:

Dann könnte ich in einem tausendfachen
Gedanken bis an deinen Rand dich denken
und dich besitzen (nur ein Lächeln lang),
um dich an alles Leben zu verschenken
wie einen Dank.

Dieses Gebet klingt wahr, denn unser Herz hält das Pfand eines tiefen, uralten Versprechens. Seine Erfüllung würde bedeuten, in mir eins und ganz zu sein. Es würde bedeuten, mit allen anderen in friedvoller Zugehörigkeit eins zu sein. Und das würde nichts weniger bedeuten, als mein wahres und allumfassendes Selbst zu finden. Finden wir unser Herz wirklich, dann finden wir jenen Bereich, in dem wir auf das Engste mit uns selbst, mit allen anderen und mit Gott eins sind. Und die erstaunlichste Entdekkung ist die, daß in der Tiefe meines Herzens, um es mit den Worten Augustinus' zu sagen, »Gott mir näher ist als ich mir selbst«.

Wenn die Bibel uns erzählt, wie Gott uns Menschen erschafft, indem er uns Leben einatmet, dann wird diese intime Kommunion mit Gott als der Kern unseres Menschseins betrachtet. Es ist das Herz, wo wir Gott treffen. Gott zu treffen aber bedeutet Gebet. Und somit wissen wir jetzt ein Weiteres über das Herz: Es ist unser Treffpunkt mit Gott im Gebet. Das Gebet aber ist das Herz der Religion.

Allerdings sollten wir nicht so tun, als wäre völlig klar, was gemeint ist, wenn wir Gott, Gebet oder selbst Religion sagen. Heutzutage bedeuten diese Dinge Verschiedenes für verschiedene Leute. Was bedeuten sie dir? Sobald wir das zusammenzufassen versuchen, finden wir vielleicht heraus, daß unsere Vorstellungen davon recht vage sind. Aus intellektueller Aufrichtigkeit heraus wollen wir also sicherstellen, daß wir zumindest für unseren Zweck hier wissen, was wir unter unseren Schlüsselkonzepten verstehen. Und da »Religion« der grundsätzlichste Begriff ist in dem Versuch, das Herz zu verstehen, wollen wir also mit »Religion« beginnen.

Es gibt etwas, das wir alle aus Erfahrung über das Herz wissen und das wir hier noch nicht erwähnt haben. »Ruhelos ist unser Herz.« So drückte Augustinus es aus. Der Kern unseres Wesens ist ein unerbittliches Fragen, Suchen, Sehnen. Selbst das Schlagen des Herzens in meiner Brust scheint lediglich das Echo eines tieferen Hämmerns in mir zu sein, eines Klopfens an eine verschlossene Tür. Noch nicht einmal das ist mir klar: Klopfe ich, um hereinzukommen, oder klopfe ich, um herauszugelangen? Eins aber ist gewiß: Ruhelos ist unser Herz. Und jene existentielle Ruhelosigkeit ist das, was Religion religiös macht.

Jede Religion stellt nur den Rahmen für die Suche des Herzens bereit. Innerhalb jeder Religion gibt es unzählige Wege religiös zu sein. Durch persönliches Suchen müssen wir unseren eigenen finden. Das kann niemand anders für uns erledigen. Diese oder jene Religion mag den historischen, kulturellen, soziologischen Rahmen dazu liefern. Sie mag uns eine Interpretation unserer Erfahrung anbieten, eine Sprache, um darüber zu sprechen. Wenn wir Glück haben, liefert sie uns vielleicht Anreize, die uns bei unserer Suche wach und aufmerksam halten und Kanäle, die ihre Antriebskraft davor schützen zu versickern, auszulaufen. All dies ist von unschätzbarem Wert. Und doch sind das äußere Dinge. Das Herz jeder Religion ist die Religion des Herzens.

»Ruhelos ist unser Herz, bis...« Bis was? Bis wir Ruhe finden. Was aber kann unseren existentiellen Durst löschen? »Wie ein Hirsch, der da lechzt nach Wasserbächen, so lechzt meine Seele nach dir, o Gott« (Psalm 42,2). Ein glücklicher Psalmist, konnte er doch dem einen Namen geben, wonach es uns durstend verlangt. Welchen Namen aber sollten wir heute verwenden? Heute werden viele, deren Durst nicht weniger brennt, den Namen »Gott« nicht gebrauchen wollen, und das wegen jener unter uns, die ihn verwenden. Wir haben ihn mißbraucht und sie damit verwirrt. Gelingt es uns, einen anderen Namen zu finden für das, was unserem Herzen Ruhe gibt? Der Begriff »Sinn« bietet sich von selbst an. Finden wir Sinn in unserem Leben, dann finden wir Ruhe. Das ist zumindest ein Ansatzpunkt für eine Antwort. Wir wollen einmal davon ausgehen, daß wir wissen, was Sinn bedeutet. Wir wissen jedenfalls, daß wir zur Ruhe kommen, wenn wir etwas sinnvoll finden. Hier handelt es sich um eine Sache der Erfahrung, und das ist alles, was wir über Sinn wissen. Sinn ist einfach das, worin wir Ruhe finden.

Das aber ist gerade das Herz. Es scheint ein Widerspruch zu sein. Und doch ist unser ruheloses Herz der einzige Ort, an dem wir Ruhe finden, wenn wir »am Ende all unseres Suchens« dort ankommen, wo wir anfingen und »den Ort zum erstenmal kennen«. Das Herz zu kennen bedeutet zu wissen, daß es Tiefen kennt, die zu tief sind, um mit dem Verstand ausgelotet zu werden: die Tiefen des göttlichen Lebens in uns. Das Herz, das schließlich in Gott Ruhe findet, ruht in seiner eigenen unauslotbaren Tiefe.

Ein weiteres Gebet aus Rilkes *Stundenbuch* läßt diese Intuitionen zu poetischen Bildern kristallisieren. Wieder beginnt Rilke mit der Polarisierung von Lärm und Ruhe. Diesmal ist es die Versammlung von Widersprüchen in unserem Leben, die den Palast unseres Herzens mit einem ausgelassenen Narrenfest füllt. Natürlich ist es unmöglich, die Widersprüche alle auf einmal aus unserem Leben zu verbannen. Das Leben selbst ist widersprüchlich. Aber wir können Widersprüche in den großen ursprünglichen Symbolen zusammenlaufen lassen, wie das Symbol des Herzens eines ist. Gelingt uns das, dann beginnt eine große Stille zu herrschen, eine Stille, die auf heitere Weise festlich und sanft ist. Und in der Mitte dieser Stille steht Gott als ein Gast, als die ruhende Mitte unsrer Monologe, als das temporäre Zentrum eines Kreises, dessen Peripherie über die Zeit hinausreicht.

Wer seines Lebens viele Widersinne
versöhnt und dankbar in ein Sinnbild faßt,
der drängt
die Lärmenden aus dem Palast,
wird *anders* festlich, und du bist der Gast,
den er an sanften Abenden empfängt.

Du bist der Zweite seiner Einsamkeit,
die ruhige Mitte seinen Monologen;
und jeder Kreis, um dich gezogen,
spannt ihm den Zirkel aus der Zeit.

Ruht unser Herz an der Quelle allen Sinnes, dann kann es auch allen Sinn fassen. So verstanden ist Sinn etwas, das sich nicht in Worte fassen läßt. Sinn läßt sich nicht wie eine Definition in einem Buch nachschlagen. Sinn ist nichts, das sich greifen, halten und aufbewahren läßt. Sinn ist nichts... Vielleicht sollten wir diesen Satz hier abbrechen. Sinn ist nicht Etwas unter anderem. Eher könnte man ihn mit Licht vergleichen, in dem wir alles andere überhaupt erst sehen. Ein anderer Psalm ruft Gott durstigen Herzens an: »Denn bei dir ist der Brunnquell des Lebens, und in deinem Lichte schauen wir Licht« (Psalm 36,9). Durstend nach der Fülle des Lebens, dürstet unser Herz nach dem Licht, das uns den Sinn des Lebens schauen läßt. Finden wir Sinn, dann wissen wir es sofort, denn unser Herz findet Ruhe. Immer ist es unser Herz, worin wir Ruhe finden. Wie unsere Augen nur auf Licht und unsere Ohren nur auf Töne reagieren, so reagiert das Herz einzig auf Sinn. Das Organ für Sinn ist das Herz.

Dies legt ein religiöses Vokabular nahe, das auf Erfahrung gründet, darauf, wie wir die heutige Welt erfahren. Und unsere religiöse Erfahrung beginnt und endet mit dem Herzen. Sie beginnt mit der Erkenntnis, daß unser Herz ruhelos ist. Eine greifbar/begreifliche Welt kann seine ruhelose Suche niemals wirklich befriedigen. Lediglich jenes Nicht-Faßbare jenseits alles Greifbar/Begreiflichen, das wir Sinn nennen, gibt uns, sobald es aufscheint, Ruhe. Die Suche des menschlichen Herzens nach Sinn ist der Herzschlag jeder Religion.

Poesie kann diesen Punkt überzeugender vermitteln, denn sie appelliert an ein tiefes Selbstverständnis des menschlichen Herzens. Ich möchte deshalb noch einmal eines von Rilkes Gebeten zitieren. Hier läßt der Dichter seiner Phantasie freien Lauf. Prächtige Gesten stellt er sich vor, wodurch er Gottes grenzenlose Gegenwart feiern würde, lebte er in einer Welt unbegrenzter Möglichkeiten. Aber dann, in der letzten Strophe, zögert er, und nach einem Augenblick des Nachdenkens erscheint ein Bild, das tiefer reicht.

Wenn ich gewachsen wäre irgendwo,
wo leichtere Tage sind und schlanke Stunden,
ich hätte dir ein großes Fest erfunden,
und meine Hände hielten dich nicht so,
wie sie dich manchmal halten, bang und hart.

Dort hätte ich gewagt, dich zu vergeuden,
du grenzenlose Gegenwart.
Wie einen Ball
hätt ich dich in alle wogenden Freuden
hineingeschleudert, daß einer dich finge
und deinem Fall
mit hohen Händen entgegenspringe,
du Ding der Dinge.

Ich hätte dich wie eine Klinge
blitzen lassen.
Vom goldensten Ringe
ließ ich dein Feuer umfassen,
und er müßte mirs halten
über die weißeste Hand.

Gemalt hätt ich dich: nicht an die Wand,
an den Himmel selber von Rand zu Rand,
und hätt dich gebildet, wie ein Gigant
dich bilden würde: als Berg, als Brand,
als Samum, wachsend aus Wüstensand –

oder
es kann auch sein: ich fand
dich einmal...
    Meine Freunde sind weit,
ich höre kaum noch ihr Lachen schallen;
und du: du bist aus dem Nest gefallen,
bist ein junger Vogel mit gelben Krallen
und großen Augen und tust mir leid.
(Meine Hand ist dir viel zu breit.)
Und ich heb mit dem Finger vom Quell einen Tropfen
und lausche, ob du ihn lechzend langst,
und fühle dein Herz und meines klopfen
und beide aus Angst.

Alle Arten religiös zu sein beginnen und enden mit dem Herzen. Die Ruhelosigkeit des Herzens führt vom Elend der Entfremdung (häufig inmitten von Vergnügen) zur Freude des Einssein mit sich selbst, mit allem, mit Gott (häufig inmitten großen Leids). »Eins« ist das Wort, welches das Ziel der religiösen Suche bezeichnet. Sinn finden heißt einzusehen, daß alles zusammengehört und in jener universellen Zugehörigkeit den eigenen Platz zu finden. Und das heißt, das Herz zu finden. T. S. Eliot sagt:

Werden wir nicht nachlassen in unserm Kundschaften
Und das Ende unseres Kundschaftens
Wird es sein, am Ausgangspunkt anzukommen
Und den Ort zum erstenmal zu erkennen.

Sobald ich entdecke, daß im Herzen meines Herzens Gott mir näher ist als ich selbst es mir bin, dann bin ich nach Hause gekommen. Wenn das dürstende Herz den Brunnquell des Lebens in seiner eigenen unauslotbaren Tiefe entdeckt, dann kommen wir am Ausgangspunkt an und erkennen den Ort zum erstenmal.

Im Gebet trinkt das Herz von der Quelle allen Sinnes. So verstanden ist das Gebet das Herz der Religion. Wir werden noch die praktischen Implikationen dessen untersuchen müssen, was wir in diesen Bemerkungen über das Herz bloß gestreift haben. Soviel sollte aber bereits klar sein: Wenn wir vom Herzen sprechen, dann meinen wir Ganzheit, Fülle – jene Lebensfülle, die auch für Dankbarkeit und Sammlung bezeichnend ist.

Gebet und Gebete

Können wir davon ausgehen, daß jeder weiß, was Beten bedeutet? In einer Hinsicht lautet die Antwort »ja«. Jeder Mensch kennt das Gebet aus Erfahrung. Haben wir nicht alle schon Momente erlebt, in denen sich unser dürstendes Herz voller Überraschung von der Sinnquelle des Lebens trinkend fand? Mögen wir auch einen Großteil unseres Lebens durch die Wüste wandern, so finden wir doch Wasserquellen. Wenn das, was Gott genannt wird, in der Sprache religiöser Erfahrung Sinnquelle genannt werden muß, dann sind jene Augenblicke, die den Durst des Herzens stillen, Momente des Gebets. Sie sind Momente, in denen wir mit Gott kommunizieren, und das ist nun einmal das Wesen des Gebets.

Sind wir uns aber dessen bewußt, daß dieses Sinnfinden Gebet ist? In diesem Fall lautet die Antwort häufig genug »nein«. Und unter diesem Aspekt können wir nicht davon ausgehen, daß jeder weiß, was Gebet ist. Es kann durchaus geschehen, daß Menschen, die regelmäßig zu bestimmten Zeiten ihre Gebete sprechen, Momente wirklichen Gebetes eben genau dann erleben, wenn sie keine Gebete sprechen. Möglicherweise erkennen sie ihre andächtigsten Momente nicht einmal als Gebet. Andere, die niemals förmliche Gebete sprechen, nähren sich an Momenten tiefer Sammlung. Und doch wären sie überrascht zu hören, daß dies tatsächlich Gebet sei.

Stell dir beispielsweise vor, du rezitiertest Psalmen. Im besten Fall könnte dies eine wirkliche Erfahrung von Gebet sein. Aber es ist nicht immer vom besten Fall auszugehen. Während der Rezitation der Psalmen mußt du dich vielleicht pausenlos gegen Ablenkungen behaupten. Eine halbe Stunde später gießt du deine Usambara-Veilchen. Und jetzt überwältigt dich plötzlich die Andacht, die sich während der Gebete nicht einstellen wollte. Von innen her erwachst du zum Leben. Dein Herz dehnt und öffnet sich und umarmt jene violetten Blütenblätter, die zu dir aufschauen. Das Wässern und Trinken wird zu einem so intimen Geben-und-Nehmen, daß es dir nicht gelingt, dein Ausgießen von Wasser vom Empfangen der Wurzeln, das Freude geben der Blume von deinem Freude empfangen zu trennen. Und in einer Flut von Dankbarkeit feiert dein Herz innigste Zugehörigkeit. Solange dies andauert, hat alles Sinn. Du bist eins mit deinem wahren Selbst, mit allem, was es gibt, mit Gott. Was war nun das wirkliche Gebet, die Psalmen oder das Wässern deiner Usambara-Veilchen?

Früher oder später entdecken wir, daß Gebete nicht immer Gebet bedeuten? Das ist bedauerlich. Aber die andere Seite dieser Einsicht beinhaltet, daß es häufig ohne jede Gebete zum Gebet kommt. Und das sollte uns ermuntern. Tatsächlich ist es absolut notwendig, zwischen Gebet und Gebeten zu unterscheiden. Zumindest dann, wenn wir das tun wollen, was die Heilige Schrift uns aufträgt, nämlich »allzeit beten« (Lukas 18,1), dann müssen wir unterscheiden zwischen beten und Gebete sprechen. Ansonsten würde allezeit zu beten bedeuten, daß wir ohne Unterbrechung Tag und Nacht Gebete sprechen müßten. Ohne große Schwierigkeiten dürften wir erkennen, daß wir damit nicht allzuweit kämen. Wenn andererseits Gebet einfach Kommunikation mit Gott bedeutet, dann kann es ununterbrochen stattfinden. Natürlich wird diese Kommunikation in Momenten höchster Bewußtheit besonders intensiv sein. Zu anderen Zeiten wird sie nur so mitschwingen. Aber es gibt keinen Grund, warum wir nicht mit Gott verbunden bleiben können, ganz gleich was wir gerade tun oder erleiden. So werden wir der Aufforderung, »betet ohne Unterlaß« (1. Thessaloniker 5,17), gerecht.

Vielleicht hätte ich ununterbrochenes Beten aber gar nicht erwähnen sollen. Der Gedanke allein kann schon einschüchternd und verängstigend wirken. Tatsächlich könnten viele von uns sagen: »Jederzeit beten? Meine Güte! Für mich wäre es schon ein großer Schritt vorwärts, wenigstens dann wirklich zu beten, wenn ich meine Gebete spreche!« Nun gut, so wollen wir also wieder dort anfangen, wo wir eben sind. Was macht aus unseren Gebeten wirkliches Gebet? Wenn wir nur irgendwie einen bewußten Zugang zu jener spontanen Andächtigkeit fänden! Das wäre der Trick. Dann würden unsere Gebete endlich Gebet. Von hier aus kämen wir vielleicht sogar zum Beten ohne Unterlaß.

Jene unter uns, die viele Jahre lang täglich Gebete gesprochen und dabei versucht haben, ihre Gebete wirklich zum Gebet zu machen, sollten eine Antwort auf die Frage: »Was macht aus Gebeten Gebet?« gefunden haben. Versuchen wir den springenden Punkt in Worte zu fassen, dann bieten sich Begriffe wie Sammlung, Wachsein und uneingeschränkte Aufmerksamkeit an. Das sind – so bemerken wir – auch die Charakteristika unserer spontanen Gebetsmomente. Der Unterschied besteht darin, daß das Wachsein, welches sich in jenen besonderen Augenblicken spontan einstellt, zu Zeiten formaler Gebete ein Bemühen, eine Anstrengung voraussetzt. Der technische Begriff für jene Mühe und den Geisteszustand, der daraus resultiert, lautet in der katholischen Tradition »Andacht«.

Als technischer Begriff steht Andacht für jene Aufmerksamkeit im Gebet, die mit Sammlung identisch ist. Wenn ich ganz gesammelt bin, dann sind meine Gebete ganz Gebet. Und je mehr ich abgelenkt werde, desto trockener werden sie. Am Ende könnten meine Gebete leere Formalität sein. Wenn Unandächtigkeit die Sammlung zerstreut, dann sind Gebete bloß die leere Hülle des Gebets. Wenn aber Sammlung für unser Gebet so wichtig ist, dann lohnt es sich wohl, genauer zu untersuchen, was wir damit meinen und wie wir jene besondere Art andächtiger Aufmerksamkeit kultivieren können.

Aufmerksamkeit setzt Konzentration voraus. Konzentration ist deshalb ein wesentlicher Bestandteil der Sammlung im Gebet. Jene unter uns, die gelernt haben, sich auf ihr jeweiliges Tun zu konzentrieren, sind bereits ein gutes Stück voraus auf dem Weg zur Sammlung. Und doch genügt Konzentration allein nicht, ganz gleich wie tief sie sein mag. Der Grund besteht darin, daß Konzentration normalerweise unseren Aufmerksamkeitsbereich einengt. Sie sorgt dafür, daß all unsere Aufmerksamkeit auf einen zentralen Punkt gerichtet wird und versucht in diesem Prozeß alles andere aus unserem Blickfeld zu eliminieren. Um uns diesen Konzentrationsprozeß zu veranschaulichen, könnten wir an ein Vergrößerungsglas denken. Wenn wir es über unser Buch halten, mag anfangs noch ein großer Teil der Seite – obgleich verschwommen – zu erkennen sein. Während wir aber ein einziges Wort oder einen einzigen Buchstaben klar heraustreten lassen, verschwindet alles andere aus unserem Blick. Und so könnte man auch sagen, daß Konzentration normalerweise Ausgrenzung impliziert.

Sammlung jedoch ist jene umfassende Art von Aufmerksamkeit, die T. S. Eliot »Konzentration, die nichts ausgrenzt« nennt. Das ist natürlich ein Paradox. Aber sollten wir hier nicht ein Paradox erwarten? Laufen nicht alle Gegensätze in Gott zusammen? Wie also sollten wir – ohne das Paradox – Gott im Gebet begegnen?

Wie aber kann es Konzentration ohne Ausgrenzung geben? Einfach deshalb, weil Konzentration Konzentration bleiben und doch mit einer ganz und gar anderen Haltung zusammenfließen kann, die sie einbeziehen läßt, was Konzentration allein eher ausgegrenzt hätte. Sammlung besteht aus zwei Teilen. Konzentration ist nur einer davon. Der andere ist das, was ich Staunen nenne. Staunen steht hier für eine Art dauernder Überraschung. Aber unsere beiden Bestandteile der Sammlung lassen sich nicht in eins bringen. Staunen und Konzentration scheinen einander entgegen zu laufen. Während Konzentration, wie wir gesehen haben, dazu neigt, das Sichtfeld einzuengen, wirkt Staunen expansiv. Daß diese beiden Bewegungen in der Sammlung zusammenlaufen, ist nichts als ein weiterer Ausdruck des Paradoxen. Selbst die beiden körperlichen Gebärden, die man mit Staunen und Konzentration assoziiert, widersprechen einander. Wollen wir uns konzentrieren, dann verengen wir unwillkürlich die Augen. Vielleicht scheint es uns, daß wir unsere Augen dadurch schärfer einstellen können auf das, was wir mit großer Konzentration beobachten wollen. Aber auch, wenn wir unsere Ohren intensiv auf ein kaum hörbares Geräusch konzentrieren wollen, verengen wir manchmal die Augen. Hilft uns denn das

Verengen unserer Augen, besser zu hören? Es fällt uns eben schwer, unsere Ohren zu verengen, unser Körper aber möchte die Idee ausdrücken, alles außer dem einen Zentrum unserer Aufmerksamkeit auszuschalten.

Beim Staunen jedoch öffnen sich deine Augen weit. Erinnere dich nur an die Augen eines Kindes im Zoo, das zu den Elefanten aufschaut, oder an deine eigenen Augen, wenn du unter einem sternenklaren Himmel stehst. Vielleicht passiert es sogar, daß dir der Mund offen steht und du unwillkürlich deine Arme weit öffnest, weil deine weit geöffneten Augen deinem Körper nicht ausreichen, um deine grenzenlose Offenheit auszudrücken.

Sammlung vereint weiteste Offenheit mit höchster Konzentration. Wie aber soll mein Körper dieses Paradox ausdrücken? Soll ich ein Auge zusammenziehen und das andere weit öffnen? Ich weiß es nicht. Mein Herz aber kann irgendwie mit diesem Paradox umgehen. Vielleicht ist das der Grund dafür, daß der Ausdruck herzliche Hingabe die Idee von Sammlung vermittelt als Aufmerksamkeit. Das Paradox verblüfft den Verstand. Das Herz aber erblüht und gedeiht im Paradox. Wir waren uns einig, daß vom Herzen zu sprechen von der Fülle zu sprechen bedeutet. Aber nur das Paradox enthält jene Fülle. Das Kind in uns kann das verstehen. Denn auch das Kind liebt das Paradox.

Das Wort Sammlung steht hier im Gegensatz zu Zerstreutheit, deutet also auf Wiederherstellung eines Gesammeltseins, das wir einmal besaßen und dann durch Zerstreuung verloren. Es bedeutet das Zusammensammeln der Bruchstücke unserer ursprünglichen Ganzheit. »Oh, jetzt verstehe ich endlich, warum mir Sammlung so schwerfällt«, sagst du vielleicht. »Für mich persönlich ist nicht Ganzheit der Urzustand, sondern Zerstreutheit.« Da verfängst du dich aber in deinen eigenen Worten. Nur ein ursprünglich Ganzes kann zerstreut werden. Wir alle sind einmal ganz gewesen, in Staunen und Andacht: als wir kleine Kinder waren. Jenes »wie die Kinder werden«, das im Evangelium als Voraussetzung für den Zugang zum Himmelreich gilt, steht somit in einem engen Zusammenhang zur Sammlung, zur Pflege der ursprünglichen Ganzheit des Kindes in uns.

Wir müssen lediglich kleine Kinder in ihrem Laufstall beobachten, um zu erkennen, wie nahtlos sie Konzentration mit Staunen verbinden. Häufig sind sie dermaßen darauf konzentriert, am Ohr eines Stoffkaninchens zu saugen, oder einfach mit ihren Zehen zu spielen, daß es schwer wird, ihre Aufmerksamkeit auf etwas anderes zu lenken. Könnten unsere Kinder nur aufwachsen, ohne ihre Kraft des Gesammeltseins zu verlieren. Wie oft geschieht es, daß Erwachsene diese Begabung aus den allerbesten Absichten heraus zerstören. Kinder brauchen es, einfach dazustehen und zu schauen. Eine ganz einfache Sache kann ihre Aufmerksamkeit eine lange Zeit fesseln. Aber dann sieht man Erwachsene überall ihre Kinder aus Staunen und Konzentration herausreißen. »Komm! Wir haben keine Zeit mehr« – und ein langer Arm zieht das Kind weiter. Kein Wunder, daß so viele großartige Kinder zu langweiligen Erwachsenen werden. Kein Wunder, daß ihre Ganzheit zerbricht und ihr Gespür für das Geheimnisvolle verloren geht. »Steh nicht so herum. Tu was!« Gesündere Kulturen hatten eine andere Vorstellung von Erziehung. So würde man in manchen Indianerstämmen sagen: »Ein wohlerzogenes Kind muß dasitzen und schauen können, wenn nichts zu sehen ist; es muß dasitzen und lauschen können, wenn nichts zu hören ist.« Wo immer diese Haltung lebendig bleibt, haben Kinder eine größere Chance zu lernen, wie man zur Sinnquelle des Lebens vordringt, und das heißt, die Kunst des Gebets zu erlernen.

Aber selbst für uns ist es nie zu spät, jene Sammlung und Andacht wiederzuentdecken, die für uns ebenso natürlich wie das Atmen ist. Das Kind in uns bleibt lebendig. Und dieses Kind verliert nie die Fähigkeit, mit den Augen des Herzens zu sehen, Konzentration mit Staunen zu verbinden und so ohne Unterlaß zu beten. Je mehr wir dem Kind in uns gestatten, sich selbst zu finden, desto erwachsener werden wir im Gebet. Ganz sicher ist das eine der Bedeutungen, wenn es heißt, daß wir »wie die Kinder werden« sollen. Das meint absolut nichts Kindisches. Jesus sagt, wir sollen wie die Kinder werden, nicht bleiben. Wir sollen uns nicht in dem Kind in uns verfangen. Aber ebenso sollten wir uns ihm nicht entfremden. Ein wirklich erwachsener Mensch hat Kindlichkeit nicht abgelehnt, sondern sie auf einer höheren Ebene wiedererlangt. Und während wir in jene Richtung fortschreiten, wird alles in unserem Alltagsleben zum Gebet. Das kindliche Herz erkennt intuitiv überall Quellen erfrischenden Wassers.

Wo aber sollen wir anfangen? Wieder einmal lautet mein Vorschlag, dort zu beginnen, wo wir eben sind, und mit dem anzufangen, was uns am leichtesten fällt. Warum beginnen wir nicht damit, einen typischen Tagesablauf zu beobachten? Welche Tätigkeiten lösen in dir regelmäßig spontane Andacht aus, sodaß dein Herz ganz ohne Mühe dabei ist? Vielleicht ist es die erste Tasse Kaffee am Morgen, die Art und Weise, in der sie dich wärmt und wach macht, oder der Spaziergang mit deinem Hund, oder die Huckepack-Tour mit einem kleinen Kind. Dein Herz ist voll dabei, und so findest du auch Sinn darin – keinen Sinn, den du in Worte fassen könntest, sondern Sinnfülle, in der du Ruhe finden kannst. Das sind Momente gesammelter Andacht, auch wenn wir sie nie als Gebet betrachtet haben. Sie zeigen uns die enge Verbindung von Gebet und Spiel. Diese Augenblicke, in denen unser Herz – ganz gleich wie kurz – in Gott Ruhe findet, sind Beispiele dafür, was Gebet eigentlich ist. Könnten wir diese innere Haltung aufrechterhalten, dann würde unser ganzes Leben zum Gebet werden.

Zugegeben, es ist keine leichte Aufgabe, die Sammlung, Dankbarkeit und Andacht jener Augenblicke, in denen das Herz voll ist, aufrechtzuerhalten. Aber jetzt wissen wir wenigstens, worauf wir hinauswollen. Es ist, als wollten wir lernen, einen Bleistift auf einer Fingerspitze zu balancieren. Darüber zu sprechen, bringt uns nicht weiter. Haben wir es aber ein einziges Mal geschafft, dann wissen wir wenigstens, daß wir es können und wie es gemacht wird. Der Rest ist eine Frage der Übung und des Immer-wieder-Probierens, bis es zur zweiten Natur geworden ist. Auf das Gebet angewandt könnte dies bedeuten, jeden Mundvoll genauso aufmerksam zu essen und zu trinken, wie wir jene erste Tasse Kaffee trinken. Und bald schon entdecken wir, daß Essen und Trinken Gebet sein kann. Wenn wir »ohne Unterlaß beten« sollen, wie könnten wir da beim Essen und Trinken mit dem Beten aufhören?

Dieser Ansatz hat noch einen weiteren Vorteil. Er erlaubt uns, über das Gebet zu sprechen, ohne in einen religiösen Jargon zu verfallen. Wenn wir »Gebet« sagen, dann könnte jemand auf den Gedanken kommen, daß wir von einer Aktivität sprechen, die unserem täglichen Leben hinzugefügt werden sollte. Und schon wären wir wieder inmitten der Verwirrung zwischen Gebet und Gebeten. Nennen wir es aber Sammlung oder Leben aus vollem Herzen, dann ist es leichter, das Gebet als eine Haltung zu erkennen, die all unsere Handlungen charakterisieren sollte. Je lebendiger und wacher wir werden, um so mehr wird alles, was wir tun, zum Gebet. Schließlich werden vielleicht selbst unsere Gebete zum Gebet. Einigen Leuten fällt es leichter, andächtig – gesammelt – zu essen und zu trinken, als andächtig ihre Gebete zu sprechen. Ist das überraschend? Warum sollten wir davon ausgehen, daß unser Beten mit dem Sprechen von Gebeten beginnt? Wenn Andächtigkeit unser höchster Grad an Lebendigkeit ist, dann kann der Ansatzpunkt überall dort sein, wo wir spontan lebendig werden. Scheint es einfacher, einen Psalm andächtig zu rezitieren, als gesammelt zu essen, zu trinken, spazieren zu gehen oder jemanden zu umarmen? Es könnte durchaus andersherum sein. Für viele von uns könnten aus vollem Herzen gesprochene Gebete durchaus die Krönung sein, nachdem wir es gelernt haben, aus jeder anderen Aktivität ein Gebet zu machen.

Was zählt, ist Gebet, nicht die Gebete. Aber wenn das so ist, wenn nur Andacht und Sammlung zählen, wer braucht dann Gebete? Die Antwort ist einfach: jeder Mensch. Gebete erfüllen ein Bedürfnis, das wir alle kennen, das Bedürfnis, unsere Frömmigkeit auszudrücken. Wir können nicht fromm sein, ohne dankbar zu sein. Sobald wir aufwachen und nicht mehr alles als selbstverständlich erachten, glimmt zumindest ein Fünkchen von Staunen, der Beginn von Dankbarkeit in uns. Dankbarkeit aber muß sich ausdrücken. Wir kennen das unangenehme Gefühl, das mit einem anonymen Geschenk einhergeht. Wenn ich eines erhalte und nicht weiß, wem ich nun danken soll, dann drängt es mich den ganzen Morgen lang, jedem, der mir über den Weg läuft, so etwas wie Dank zu äußern, einfach um mein eigenes Bedürfnis danach zu befriedigen. Und während ich meinen Dank ausdrücke, wird er mir immer mehr bewußt. Und je größer meine Bewußtheit, desto größer mein Bedürfnis, ihn auszudrücken. Was hier geschieht, ist ein spiralförmiges Ansteigen, ein Wachstumsprozeß immer weiterer Kreise um ein ruhendes Zentrum herum, eine Bewegung, die immer tiefer in die Dankbarkeit führt.

Ebenso ist es mit Gebeten. Als Ausdruck unserer Andächtigkeit verstärken Gebete unsere Andacht. Und jene größere Andächtigkeit bedarf wiederum des Ausdrucks in Gebeten. Vielleicht haben wir anfänglich nicht viel vorzuweisen, aber die Spirale dehnt sich entsprechend ihrer eigenen inneren Dynamik so lange aus, wie wir beteiligt bleiben.

Ein hervorragendes Abbild dieser dynamischen Wachstumsentwicklung ist die Nautilusmuschel. Ich kann an keiner Muschelausstellung vorbeigehen, ohne nach einer dieser faszinierenden Muscheln zu suchen. Besonders begeistern mich jene Exemplare, die in zwei Hälften geschnitten wurden, um die ganze Reihe leerer Kammern mit ihren Innenwänden aus Perlmutt zu zeigen. Irgendwo im Südpazifik oder im Indischen Ozean baute sich eine Molluske diese großartige Muschelsschale um ihren Körper. Und als dieses geheimnisvolle Meerwesen immer größer wurde, wanderte es von einer Kammer zur nächsten, löste sich von der alten, zu klein gewordenen, um zur nächsten, größeren überzusiedeln. Aber schon bald war auch diese neue zu klein geworden und zwang seinen Erbauer und Bewohner dazu, weiterzubauen und umzusiedeln.

Year after year beheld the silent toil
   That spread his lustrous coil;
   Still, as the spiral grew,
He left the past year's dwelling for a new,
Stole with soft step its shining archway through,
   Build up its idle door,
Stretch'd in his last-found home, and knew the old
   no more.

(Jahr für Jahr beäugte das schweigende Mühen/ sein strahlendes
Gewölbe auszubauen./ Und weiter wuchs die Spirale./ Er ließ
das Heim vom vorigen Jahr für ein neues zurück,/ Wanderte
heimlich durch seinen glänzenden Bogengang,/ Verbaute hinter
sich die jetzt nutzlose Pforte,/ Dehnte sich aus im neugefunde-
nen Heim und vergaß das alte.)

Diese Zeilen stammen aus einem Gedicht von Oliver Wendell
Holmes, »The Chambered Nautilus«. Der Dichter dankt unserer kleinen weichen Muschel, jenem »Kind der ewigen See« für
seine Botschaft, die in den längst verlassenen Kammern immer
noch widerhallt. Eine »himmlische Botschaft« nennt sie der
Dichter, denn sie erzählt vom Wachsen auf ein höchstes Ziel hin.
Von der Botschaft sagt er:

>   While on mine ear it rings,
> Through the deep caves of thought I hear a voice
>   that sings:–
>
> Build
>
> Build thee more stately manions, O my soul,
>   As the swift seasons roll!
>   Leave thy low-vaulted past!
> Let each new temple, nobler than the last,
> Shut thee from heaven with a dome more vast,
>   Till thou at length art free,
> Leaving thine outgrown shell by life's unresting
>   sea!

(Während sie in meinem Ohr nachklingt,/ Höre ich durch die
tiefen Gedankenhöhlen hindurch eine singende Stimme:/ Baue/
Baue dir erhabenere Gebäude, meine Seele,/ Während die
Jahreszeiten dahinfliegen!/ Verlasse deine flachgewölbte Vergangenheit!/ Jeder neue Tempel, vornehmer als der vorige,/ Soll
dich mit höheren Kuppeln vom Himmel schirmen,/ Bis du
zuletzt befreit/ Die Muschel, der du entwachsen, an des Lebens
müheloser See zurückläßt.)

Haben wir einmal erkannt, wie das Wechselspiel zwischen Andächtigkeit und Gebeten den Tempel unseres Gebetslebens erbaut, dann sollten wir auch in der Lage sein, die richtige Frage zu stellen und herauszufinden, wo wir in diesem Prozeß gerade stehen und wie es weitergehen soll. Wie wir sehen konnten, haben Gebete eine Doppelbeziehung zur Andächtigkeit. Gebete drücken Andächtigkeit aus und verstärken sie zugleich. Und damit gibt es zwei grundsätzliche Fragen, die wir stellen müssen: Sind meine Gebete ein echter Ausdruck meiner Andächtigkeit? Helfen sie mir, noch andächtiger zu werden?

Da diese zwei Fragen der Angelegenheit auf den Grund gehen, können wir mit ihrer Hilfe sowohl Gebete in Gemeinschaft als auch Gebete, die wir allein beten, hinterfragen. Da der Kontext jedoch so unterschiedlich ist, wollen wir die beiden Bereiche an dieser Stelle nacheinander untersuchen. Zuerst schauen wir uns einmal das an, was man häufig Privatgebet nennt.

»Privatgebet« ist ein irreführender Begriff. Einmal ist wirkliches Gebet niemals privat. Wenn Gebet privat wird, dann ist es kein wirkliches Gebet mehr. Alles Private schließt andere aus. Ein Privatclub hat exklusive Mitglieder; eine Privatstraße läßt lediglich die Benutzung durch ihre Besitzer zu. Wirkliches Gebet aber kommt vom Herzen, aus jenem Bereich meines Seins, wo ich mit allem eins bin. Niemals ist das eine Privatangelegenheit. Ein großer Lehrer des Gebets aus der jüdischen Tradition drückte dies so aus: »In Vorbereitung aufs Gebet verbinde ich mich all jenen, die Gott näher sind als ich, so daß ich, durch sie, Gott erreichen möge. Und ebenso verbinde ich mich allen, die weiter von Gott entfernt sein mögen als ich, so daß sie, durch mich, Gott erreichen können.« Die christliche Tradition nennt dies die Gemeinschaft der Heiligen. Wann immer wir beten, beten wir in Gemeinschaft. Wir sprechen darum manchmal vom »persönlichen« anstatt vom »privaten« Gebet. Aber das hinkt auch. Was ist denn die Alternative zum persönlichen Gebet? Unpersönliches Gebet? Wir wollen hoffen, daß es so etwas nicht gibt. Und doch müssen wir zwischen dem Beten mit anderen und dem Alleine-Beten unterscheiden. Ich werde diese beiden Bereiche das Gemeinsam-Beten und Alleine-Beten nennen.

Reden wir von Alleine-Beten, so sind wir nun wenigstens den Begriff »privat« los. Aber wenn wir vom Beten sprechen, soll klar sein, daß wir nicht notwendigerweise vorgegebene Gebete etwa aus einem Gebetsbuch meinen. Und noch einmal müssen wir zwischen Gebet und Gebeten unterscheiden. Gebet sollte, wie wir gesehen haben, ununterbrochen stattfinden. Durch andächtige Sammlung könnte und sollte *jede* Aktivität zum Gebet werden. Was wir andererseits Gebet nennen, ist *eine* Aktivität unter vielen – Zeit, so könnte man sagen, für nichts als fürs Gebet. Diese Zeitspanne könnten wir mit Gebeten im engeren Sinn füllen, aber ebensogut könnten es Gebete in einem weiteren Sinn sein. Unsere für Gebete vorgesehene Zeit ist gut verbracht, wenn das, was wir in dieser Zeitspanne tun, unserer Andächtigkeit Ausdruck verleiht und uns auf diese Weise noch andächtiger macht.

Es gibt nur eine Grundsatzregel für das Alleine-Beten: Sorge dafür, daß du auch wirklich alleingelassen wirst. Ist das einmal sichergestellt, dann ist es ziemlich einfach, deinen eigenen Ausdruck für das zu finden, was dein Herz zu dem Zeitpunkt bewegt. Im Gebet allein gelassen zu werden, ist jedoch nicht ganz so einfach, wie man glauben möchte. Besonders in religiösen Gemeinschaften sind manchmal jene anzutreffen, deren religiöse Observanz im wesentlichen daraus besteht, andere zu observieren. Wann und wo und wie du deine Gebete sprichst, für wie lange und in welcher Haltung – jedes Detail eignet sich dafür, einer genauen Prüfung unterzogen zu werden. Es könnte sich als große Gnade herausstellen, all diese Punkte mit einem Gebetslehrer zu besprechen, der uns anleiten und helfen wird, das zu finden, was für uns persönlich am hilfreichsten ist. Darüberhinaus aber haben wir das Recht und die Pflicht, darauf zu bestehen: Laßt mich allein, soweit es mein Alleine-Beten betrifft.

Ja, in dieser Angelegenheit haben wir eine Pflicht. Die häufigste Störung kommt nicht von außen, sondern aus unserem Innern; das betrifft nicht nur jene, die in Gemeinschaften leben, sondern wir alle haben uns dagegen zu wehren. Ich vermute, daß es in uns allen jene kleine Stimme gibt, die uns nicht allein und in Ruhe lassen will. Sie hört nicht auf, uns zur Anpassung oder Nichtanpassung an irgendein beliebiges Gebetsmodell zu drängen. In beiden Fällen beschäftigen wir uns mit einem Modell, das wir entweder imitieren oder ablehnen, anstatt uns der Herausforderung zu stellen, bei unserem Allein-Beten kreativ zu sein. Du bist einzigartig. Wenn dein Gebet echt ist, dann dürfte es ein dankbarer Ausdruck deiner Einzigartigkeit sein.

Dies wird selbst dann der Fall sein, wenn du nicht deine eigenen Gebete sprichst, sondern aus einem Buch das dir passende aussuchst; der Auswahlprozeß wird schöpferisch sein und deine Wahl einzigartig. Laßt mich allein, bedeutet: Laßt mich frei wählen. Laßt mir die Freiheit, wenn ich es wünsche, überhaupt keine Worte zu gebrauchen, sondern Stille, oder Tanz, oder Musik, oder irgendetwas, das meine Andächtigkeit ausdrückt und nährt. Es ist wie mit dem Essen. Es gibt tausende von verschiedenen Diäten. Was hier zählt, ist, daß du deine eigene findest, die eine, die zu dir paßt und dich gesund erhält.

Dieser Vergleich bringt uns zu einem anderen Aspekt des Betens: Disziplin. Einige Menschen bleiben bei vegetarischer Diät gesund, andere bei Fleisch. Einige essen nur einmal täglich, andere wiederum nehmen mehrere Mahlzeiten zu sich. Eine Disziplin kann ebenso gesund wie die andere sein, aber ohne Disziplin beim Essen und Trinken bleibt niemand lange gesund. Das gleiche gilt für die Disziplin beim Beten.

Disziplin ist eine Sache; Bevormundung hingegen eine andere. Disziplin ist die Haltung des Schülers, der dem Lehrer in die Augen schaut und sich in diesen Augen spiegelt. Ein Ausbildungsunteroffizier schert sich nicht um Augenkontakt mit den Männern in seinem Regiment. Nur Anpassung zählt. Augenkontakt mit dem Lehrer aber fördert kreative Disziplin und disziplinierte Kreativität bei den Schülern.

Bevormundung ist rigide und spröde. Disziplin ist ebenso stark wie flexibel. Bevormundung ist leblos, Disziplin lebendig und lebenspendend. Beten wir allein, dann ist dies die große Herausforderung: uns von der Bevormundung (durch andere oder uns selbst) zu befreien und mit den Augen des Herzens auf den zu schauen, der wir in Gottes Augen sind, auf daß die Disziplin uns schöpferisch machen möge. Der Kreativität sind keine Grenzen gesetzt, wenn wir allein beten.

Was hat es nun mit dem Gemeinsam-Beten auf sich? Wenn wir mit anderen beten, dann lautet die Grundregel: Macht es gemeinsam! Das ist etwas anderes, als nebeneinander zu beten. Sardinen in einer Dose liegen hübsch nebeneinander. Aber sind sie wirklich gemeinsam? Der Schwarm Fische, den ich vom Pier aus beobachte, bewegt sich spontan in viele verschiedenen Richtungen, aber die Fische sind wirklich gemeinsam, da sie sich Lebensraum und Leben teilen. Jene in der Dose aber sind tot. Sie kennen weder die Spontaneität noch das Miteinander-Teilen. Wenn wir uns auf das gemeinsame Beten vorbereiten, sollten wir uns manchmal fragen, an welche der beiden Arten von Sardinen wir wohl erinnern. (Denkt dran, jene, die da nebeneinander liegen, mußten ihren Kopf opfern, um so hübsch in die Dose zu passen.)

Einige Menschen fühlen sich bedroht, wenn von Spontaneität beim gemeinsamen Beten die Rede ist. Sie glauben, daß Spontaneität im Gegensatz zur Struktur steht und befürchten deshalb, die Stütze zu verlieren, die ihnen die Struktur bietet. Aber Spontaneität paßt gut zur Struktur. Ohne Struktur ist Spontaneität unmöglich. Angenommen, du gehst auf eine Party und die Gastgeberin läßt dich wissen, »Wir haben nichts vorbereitet, um für ein Maximum an Spontaneität zu sorgen.« Es bedarf eines großen Maßes an Vorbereitungen, um Spontaneität zu ermöglichen. Werden die vorbereiteten Strukturen erdrückend, dann bleibt natürlich kein Raum für Spontaneität. Für gemeinsames Beten brauchen wir ein ausreichendes Maß an Struktur, um Spontaneität möglich zu machen, aber nicht mehr. Das Problem liegt darin, daß in einer aus sehr unterschiedlichen Menschen bestehenden Gruppe sich einige durch die gleichen Strukturen beengt fühlen, die andere als kaum ausreichende Stütze empfinden. Das aber setzt viel Feingefühl bei der Vorbereitung und große Geduld bei allen voraus.

Ähnlich ist es mit dem Teilen, dem Mit-teilen, dem Teilnehmen. Ohne Teil-nahme können wir nicht zusammen beten. Teilen aber kennt viele verschiedene Formen und Grade. Teilnehmen, deinen Teil übernehmen, das gehört grundsätzlich dazu und ist sicherlich eine Form des Teilens. Tatsächlich könnten unsere gemeinsamen Gebete häufig verbessert werden, wenn wir verschiedene Teilnehmer auch verschiedene Teile übernehmen ließen, anstatt alles gemeinsam im Chor zu machen. (Ohne Ausnahme kann das Singen in einer Gemeinde dadurch verbessert werden, daß nur eine kleine Gruppe die Verse singt, alle gemeinsam aber den Refrain. Aber wie selten machen wir uns dieses einfache Mittel zur Verbesserung der Teilnahme zunutze. Schließlich bedeutet Teilnahme teilnehmen und nicht alles nehmen.) Gemeinsame Absichten und Interessen zu teilen wird nur dann möglich sein, wenn wir die anderen gut kennen und uns in ihrer Gesellschaft wohlfühlen. Wie im Falle der Spontaneität werden sich Menschen aus ein und derselben Gruppe auf verschiedene Ebenen befinden. Wir können nur den kleinsten gemeinsamen Nenner an Intimität voraussetzen und uns von dort aus mit viel Taktgefühl und Geduld voranbewegen.

Die meisten Probleme mit dem gemeinsamen Beten kommen daher, daß wir zuviel erwarten. Aus einer Gemeindeküche Essen zu erwarten, das genau nach deinem Geschmack gewürzt ist, wäre zuviel verlangt. Wir sollten vom Gemeinsam-Beten nicht das erwarten, was wir nur finden können, wenn wir allein beten. Die Gemeindeküche jedoch hat auch ihre Vorteile. Im Gebet mit anderen finden wir eine Unterstützung, die die meisten von uns brauchen und im Alleine-Beten nicht finden können. Durch die Gebete, die wir allein verrichten, drücken wir unsere ureigene Andächtigkeit aus. Um das andächtige Leben zu feiern, das wir in der Gemeinschaft leben, müssen wir zusammen beten.

Allein eine Kerze anzuzünden ist eins meiner liebsten Gebete. Ich meine damit nicht das Lesen von Gebeten bei Kerzenlicht. Die Kerze anzuzünden ist Gebet. Da gibt es den Klang des aufflammenden Streichholzes, den Geruch des Qualms, nachdem man es ausgeblasen hat, die Art und Weise, in der die Flamme aufleuchtet und dann absinkt, beinahe ausgeht, bis ein Tropfen schmelzenden Wachses ihr die Kraft gibt, zu ihrer richtigen Größe heranzuwachsen und gleichmäßig zu leuchten. All dies und die Dunkelheit um meinen kleinen Lichtkreis ist

Gebet. Ich gehe dort hinein, wie man einen Raum betritt. Für dieses Gebet ist mein Alleinsein wesentliche Voraussetzung. Die Anwesenheit nur einer anderen Person würde es völlig verändern. Es würde etwas verlorengehen.

Eine Kerze in einer Kerzenprozession anzuzünden ist wiederum eine völlig andere Erfahrung. Und doch kann auch dies ein echtes Gebet sein. Das Anzünden hunderter von Kerzen an der einen Osterkerze in der Osternacht kann für eine ganze Gemeinde eine machtvolle Erhebung von Herz und Geist zu Gott werden, und somit eine echte Form des Zusammen-Betens. Dieses Gebet kann man nicht allein wiederholen. Dies gilt für jedes Zusammen-Beten, obwohl es nicht immer so offensichtlich sein mag. Kann man jemals alleine betend das Besondere erfahren, das am gemeinsamen Gebet liegt?

Aber auch hier müssen wir uns – und diesmal als Gemeinschaft – die zwei Grundfragen stellen: Sind unsere gemeinsamen Gebete ein wirklicher Ausdruck der Andächtigkeit, an der wir teilhaben? Tragen sie dazu bei, daß wir als Gemeinschaft andächtiger werden? Ab und zu geschieht es, daß eine Gemeinschaft recht andächtig und fromm zusammenlebt; der einzige Teil ihres Lebens, der nicht wirklich andächtig ist, sind ihre Gebete. Einer singt zu schnell, der andere zu langsam; eine singt flach, die andere zu betont; einer will die Fenster offen halten, jemand anders möchte sie schließen. Sie reiben sich aneinander, und wenn sie ihre Gebete beendet haben, dann brauchen sie ein paar Stunden, um ihre Andächtigkeit wiederzugewinnen. In einer solchen Situation wollen wir Mut schöpfen aus der Tatsache, daß uns zumindest der Wunsch nach dem Zusammen-Beten vereint. Und dann wollen wir tapfer das Problem angehen, wie das am besten zu geschehen hat. Wenn wir unsere zwei Grundfragen mit Geduld und in gegenseitigem Vertrauen immer wieder stellen, dann dürfen wir hoffen, an die Wurzeln unserer Schwierigkeiten zu kommen und werden ganz gewiß Formen für unser gemeinsames Gebet finden, die echt und lohnend sind.

Denn was letztlich zählt, sind nicht unsere Gebete, sondern unser Gebet, unsere Andächtigkeit und nicht die Formen, durch die wir sie ausdrücken und pflegen. Wie leicht verfallen wir darauf, unsere Gebete für das »wirkliche« Gebet zu halten. Was ist das »wirkliche« Gebet, der Segen, den wir am Tisch sprechen oder die darauf folgende Mahlzeit? Was könnte »wirklicher« sein als Essen und Trinken? Und wenn wir – wie wir es sollten – ohne Unterlaß beten, dann wäre unser Essen und Trinken wirkliches Gebet. Richtig verstanden werden unsere Tischgebete ein Ausdruck von Dankbarkeit und die Aufforderung, jeden Bissen dieser Mahlzeit dankbar zu essen. Dankbarkeit macht aus der ganzen Mahlzeit ein Gebet, denn nachdem wir unsere Gebete gebetet haben, beten wir unsere Suppe, den Salat und den Nachtisch, um dann ein weiteres fertiges Gebet am Schluß zu sprechen, das uns daran erinnert, nach der Mahlzeit weiterzubeten.

Sobald wir die Beziehung zwischen Gebeten und Gebet durcheinanderbringen, fangen wir an zu glauben, wirklich andächtige und fromme Menschen an längeren und häufigeren Gebeten erkennen zu können. Das wäre in etwa das gleiche, als glaubte man, das beste Auto wäre jenes, das am meisten Benzin verbraucht. Tatsächlich ist es so, daß einiges für die Behauptung spricht, daß spirituelle Athleten mit weniger Gebeten einige Kilometer weiter kommen. Nicht die Gebete zählen, sondern die Andächtigkeit.

Um weniger grobe Bilder zu benutzen, könnte man sich die Gebete als die Poesie des betenden Lebens vorstellen. Ein Gedicht feiert das Leben und wird in dieser Feier selbst zu einem Höhepunkt des Lebens. Wir schauen mit den Augen unseres Herzens zu, sind von den Wundern, die wir sehen, überwältigt und feiern jene Vision in einer Gebärde, die aus der eigentlichen Quelle des Lebens schöpft. Es läßt sich aber auch viel einfacher sagen: Gebet ist dankbares Leben.

Kontemplation und Muße

Stonehenge, das geheimnisvolle, mehr als dreieinhalbtausend Jahre alte Monument in England, besteht aus einer kreisförmigen Anordnung riesiger Steinsäulen. Viele von ihnen sind mehr als zehn Meter hoch und fünfzig Tonnen schwer. Niemand weiß, auf welche Weise sie aus einem dreißig Kilometer entfernten Steinbruch an diesen Platz transportiert wurden oder wie die riesigen Felsblöcke als »Querbalken« aufgesetzt wurden. Man ist sich noch nicht einmal sicher, wer diese große Leistung vollbrachte. Weder die zugrundeliegenden Ideen noch die Ideale, welche so gigantische Anstrengungen beseelten, sind uns bekannt. All dies liegt in der Dunkelheit der Vor- und Frühgeschichte verborgen. Wir betrachten die komplizierte Anordnung der Säulen, Gräben, Aufschüttungen und Gruben, wie wir die in einen Stein getriebenen Runen betrachten würden. Wir können ihre Bedeutung nicht entziffern. Und doch stoßen wir auf einen Anhaltspunkt. Der Grundriß von Stonehenge ist eindeutig auf die Stelle des Sonnenaufgangs zur Sommersonnenwende ausgerichtet, und ebenso zu anderen Punkten am Horizont, an denen Sonne und Mond an besonderen Tagen ihrer Zyklen aufgehen. Die ganze sorgfältig durchdachte Struktur wird somit zu einer gigantischen Sonnenuhr, und ebenso zu einer Monduhr, in die wir selbst eintreten können. Stonehenge übersetzt die Zyklen von Sonne und Mond in Architektur, Bewegung in Design, Zeit in Raum. Dieser kleine Teil der Erde ist nach den Himmeln ausgerichtet. Die oben beobachtete Ordnung wird unten verwirklicht. Hier liegt der Schlüssel zum Geheimnis von Stonehenge. Und das ist ebenso der Schlüssel zum Wesen der Kontemplation.

Häufig ist es hilfreich, die linguistischen Wurzeln eines Wortes zu verfolgen, wenn wir ein tieferes Verständnis seiner Bedeutung erlangen möchten. Die kleine Silbe »temp« in unserem »Kon-temp-lation« ist sehr alten Ursprungs. Gelehrte sagen uns, daß sie anfangs so etwas wie »mit einem Einschnitt versehen« bedeutet hat. Du machst einen Einschnitt oder eine Kerbe, und schon hast du ein einfaches Hilfsmittel, um zählen und messen zu können. Du kannst die Übersicht behalten über die Anzahl der Fische, die du beinahe gefangen hättest, wenn du jeden Beinahe-Fang mit einer Kerbe am Dollbord deines Bootes markierst. Zwei Kerben in geringem Abstand machen aus jedem Stock einen Maßstab und geben dir die Möglichkeit, die Fische zu messen, die dir nicht entkommen sind. Gleich wie weit entfernt von ihrer ursprünglichen Bedeutung von »Kerbe« oder »Einschnitt«, hat die Silbe »temp« auch heute noch etwas mit messen zu tun. Selbst im modernen Sprachgebrauch bezeichnet Temperatur das Maß von heiß und kalt, Temperament den Maßstab psychologischer Reaktion, Tempo das Maß zeitlich-rhythmischer Wiederkehr. Zu temperieren bedeutet (vor allem in der Musik) die Bestandteile im richtigen Verhältnis, im richtigen Maß zueinander anzuordnen.

Das Wort »Tempel« kommt von der gleichen Wurzel. Es ist das Wort, das am unmittelbarsten mit Kontemplation verwandt ist, und es beschwört Assoziationen mit tempelähnlichen Strukturen wie Stonehenge. Ursprünglich jedoch bedeutete das lateinische Wort für Tempel, *templum*, nicht die architektonische Struktur, sondern blieb näher an der Vorstellung vom Maß. Es bedeutete ein bemessenes Gebiet. Jenes bemessene Gebiet befand sich nicht einmal am Boden, sondern am Himmel. Erst später fing *templum* an, ein heiliger Bezirk am Boden zu bedeuten, der dem am Himmel entsprach, um schließlich das auf jenem heiligen Raum nach heiligen Maßen errichtete Gebäude zu werden.

Für die römischen Priester jedoch, die Auguren, war es das *templum* im Sinne eines Himmelsabschnittes, das sie bei ihrer Kontemplation im Sinn hatten. Das bedeutet, daß sie ihren Blick mit nie ermüdender Aufmerksamkeit auf ihn richteten, und aus dem, was sie dort sahen, den erfolgversprechendsten Handlungsablauf ableiteten. Im klassischen Rom kam es zu keiner öffentlichen Entscheidung, ohne daß der vorgeschlagene Plan mit dem übereinstimmte, was die Auguren sahen. Diese Praxis drückt eine Geisteshaltung aus, die älter ist als logische Folgerungen, ein archetypisches Syndrom, daß sich unserer menschlichen Psyche tief eingeprägt hat. Noch heute haben wir Zugang zu jener Tiefe, und ihre Erforschung kann neues Licht auf die Kontemplation werfen.

»Oben« und »unten« haben für uns Menschen eine Bedeutung, die analytisches Denken nicht ausloten kann. Unausweichlich sprechen wir anerkennend von »höheren« Dingen. Wir nennen sie erhöht, erhaben, über der Norm. Im Gegensatz dazu nennen wir das, was wir als minderwertig erachten, niedrig oder tiefstehend. Dies muß etwas damit zu tun haben, daß wir aufwachsen, und nicht wie Karotten nach unten wachsen. Nicht einmal der Unbeholfenste unter uns wird nach oben fallen, wenn er stürzt. Die Konsistenz, mit der oben und unten all unser menschliches Denken und unsere Sprache polarisiert, ist schon überraschend genug. Daß das Verhältnis oben zu unten überall das gleiche Werturteil impliziert (Verbesserung im Gegensatz zu Wertverlust), ist noch überraschender. Selbst der Revolutionär, der sich zum Ziel gesetzt hat, das *nieder*zuringen, was gegenwärtig *oben* ist, tut das aus der Überzeugung heraus, daß Gerechtigkeit *über* Ungerechtigkeit triumphieren sollte. Gleich welche Philosophien und Überzeugungen wir teilen, einig sind wir uns in dem Gefühl, daß etwas nicht stimmt, wenn die Dinge auf dem Kopf stehen.

Vielleicht lohnt es sich festzuhalten, daß es für die Bedeutung von »hoch« durchaus einen Unterschied macht, ob wir es mit »niedrig« oder »tief« kontrastieren. Hoch und tief können manchmal zusammenpassen, hoch und niedrig jedoch niemals. Ein Mensch hoher Geisteshaltung kann tiefen Gedanken nachhängen, aber niemals niedrigen. Im Lateinischen bedeutet *altus* erhöht im Sinne von hoch und tief zugleich (die Hochsee ist tief), das Niedrige aber steht immer im Gegensatz zum Erhabenen. Es bedarf nicht viel mehr als des gesunden Menschenverstandes, um diese Unterschiede zu erkennen. Hatte aber Chesterton Unrecht, als er darauf hinwies, daß gesunder Menschenverstand von nicht allzu vielen Menschen verstanden werde?

59

Hausverstand, der uns Beziehungen wie die zwischen hoch, tief und niedrig verstehen läßt, muß älter sein als Sprache. Wir haben Hausverstand von Haus aus. Und das Haus, in dem wir letztlich alle gemeinsam zuhause sind, ist das menschliche Herz. Das Herz ist unser verläßlichster Ausgangspunkt. In der Art und Weise, in der unser Herz hoch und niedrig unterscheidet, ist die allgemein anerkannte Ordnung des menschlichen Weltbildes verankert. Diese Ordnung entspringt gesundem Menschenverstand, der uns zugleich sagt, daß Ordnung höher bewertet werden muß als Unordnung. Wir wissen auch, daß es zwischen hoch und tief Stufen gibt und daß wir uns *auf*raffen müssen, so oft wir *ab*sinken. Das Hohe verlangt etwas von uns.

Unter diesem Punkt können wir Kontemplation besser verstehen. Kontemplieren bedeutet, unsere Augen zu einer höheren Ordnung zu erheben, die uns *auf*fordert, uns an ihr zu messen. Das war die Absicht der Auguren. Das versuchte Stonehenge zu verwirklichen: menschliches Leben an einer höheren Ordnung zu messen und so das Tun der Schau gemäß zu veredeln. Vor achtunddreißig Jahrhunderten standen Menschen wie wir unter dem weiten Gewölbe des Nachthimmels bei Stonehenge und verstanden etwas vom menschlichen Leben, das der Intellekt nicht zu fassen vermag. Nur das Herz ist für diese Schau hoch und tief genug. Nur ein Leben aus der Fülle wird dem Aufruf kontemplativer Schau gerecht.

Jene, die den Begriff »Kontemplation« zuerst in unseren christlichen Wortschatz aufnahmen, trotz der Tatsache, daß es sich dabei immer noch um einen technischen Terminus der rivalisierenden römischen Religion handelte, müssen ihn für unersetzbar gehalten haben. Sie dürften sich durchaus der Tatsache bewußt gewesen sein, daß Kontemplation für eine ursprüngliche und universelle menschliche Wirklichkeit steht. Und sicherlich erkannten sie, daß das Konzept zentraler Bestandteil der biblischen Tradition war. Es steht hinter einer ganzen Theologie des Tempels und verbindet Moses, den großen Kontemplativen, mit Salomos Tempel und mit dem Tempel, den die göttliche Weisheit erbaut; mit Jesus Christus, der sowohl als Personifikation der Weisheit wie auch des Tempel betrachtet wird, und mit Seinem Körper, der neuen Menschheit, dem Tempel des Heiligen Geistes.

Heutzutage gilt Moses eher als der große Gesetzgeber und weniger als der große Kontemplative. Aber beim näheren Hinschauen paßt es sehr gut in das kontemplative Modell. Er steigt den Berg hinauf zum höheren Reich, er setzt sich der transformierenden Schau aus, und das in einem solchen Maß, daß Leuchten von Gottes Glorie mit blendender Helligkeit von seinem Gesicht erstrahlt; und er bringt den Menschen nicht nur die Gesetze herab, sondern auch den Bauplan für den Tempel. Wieder und wieder betont die Bibel, daß Moses das Zelt des Bundes genau nach dem Vorbild erbaut, das ihm auf dem Berg gezeigt worden war. Und selbst das Gesetz muß als eine Art Plan verstanden werden, nach dem das Volk Israel zu einem Tempel des lebendigen Gottes aufgebaut werden soll. Das Volk wird so zu lebendigen Steinen, die sich erheben, um das Abbild einer göttlichen Ordnung zu verwirklichen, an deren Vorbild am Ende jedes Abbild immer wieder scheitern muß.

Nur durch die Aufrechterhaltung der Spannung zwischen dem Ideal und seiner Verwirklichung, zwischen Schau und Tat, dürfen wir hoffen, den Tempel zu bauen. Und nur durch den Bau des Tempels beweist die Kontemplation, daß sie echt ist. Das kleine Präfix »Kon-« (*cum*, mit, zusammen) sollte uns daran erinnern, daß die Schau allein nur halb Kontemplation ist. Bestenfalls verdient sie den Namen »Templation«. *Kon*templation verbindet Schau und Tat. Tat ohne Schau ist blinder Aktivismus. Schau ohne Tat ist unfruchtbares Gaffen. Wahrhaft Kontemplative aber erkannten im Verlauf der Geschichte immer wieder, was getan werden mußte. Was die Schau als notwendig zeigte, das setzen sie in die Tat um. Deshalb mußten einige, wie Katherina von Siena, Bernhard von Clairvaux oder Teresa von Avila so unermüdlich arbeiten. Der Tempel, an dem sie bauten, wächst immer noch.

Bernhard war dermaßen in seine innere Schau versenkt, daß seine äußeren Augen zeitweilig blind schienen. Als die oberen Fenster seiner Abteikirche repariert werden mußten, fragten ihn die dafür zuständigen Mönche nach seiner Entscheidung. Zu ihrer Überraschung wußte Bernhard nicht, wovon sie sprachen. In all den Jahren, so heißt es, habe der Abt nie in der Kirche aufgeschaut. Es war ihm nie aufgefallen, daß es überhaupt obere Fenster gab. Als es aber darum ging, Europa nach dem Licht seiner inneren Schau umzugestalten, da wurde Bernhard, der letzte der großen Kirchenväter, zum ersten internationalen Diplomaten eines sich entwickelnden christlichen Abendlandes.

Oder denken wir an Katherina von Siena. Noch in ihrer Jugend machte sie sich, wie die Jugendlichen einiger amerikanischer Indianerstämme, auf die Suche nach einer Schau. Jahrelang lebte sie in Abgeschiedenheit, auf nichts als die innere Schau ausgerichtet. Sie begrub sich selbst in Dunkelheit. Als das dreiundzwanzigste Kind ihres Vaters war sie, allein in einem Hinterzimmer des Hauses, gut versteckt. Und doch steht sie ein Jahrzehnt später im Rampenlicht der Geschichte. Als Botschafterin des Friedens überredet diese einfache Frau, noch nicht dreißigjährig, den Papst dazu, von Avignon nach Rom zurückzukehren. Die große Kontemplative stellt sich der Herausforderung ihrer Schau und wird so zu einer Frau der Tat.

Teresa von Avilas Leben macht deutlich, daß die Verbindung von Schau mit Tat mehr bedeutet, als innerlich Theorie in Praxis umzusetzen. Da gibt es ihre Schau vom Bewässern des Gartens der Seele und von der Reise zum leuchtenden Zentrum des Inneren Schlosses. Und nach außen hin gibt es ihre Verstrickung in Kirchenpolitik, in Kampf und Intrige. Auf den ersten Blick scheint beides durch Welten getrennt. Ihr wurde kein fester Plan für die Reformierung des Karmeliterordens gezeigt, der nur noch ausgeführt werden mußte. So funktioniert Kontemplation nicht. Sie setzte bloß ihr Herz dem Strahlen »des nicht von Menschenhand gebauten Tempels« aus. Und in seinem Licht wurde ihr Schritt für Schritt klar, wo das Bauen des Tempels hier unten einer hilfreichen Hand bedurfte. Gehorsame Verwirklichung ihrer Schau machte aus ihr die große Kontemplative.

Was macht es so schwer, Schau und Tat in der Kontemplation zusammenzuhalten? Vielleicht die Tatsache, daß jede Hälfte der doppelten Herausforderung von Kontemplation für sich genommen bereits unsere Kraft zu übersteigen droht. Schau und Tat zusammengenommen scheint uns einfach zuviel verlangt. Wie ermüdend ist es bereits, immer und immer wieder die gleichen anstrengenden Arbeiten zu leisten, auf die Kleinigkeiten zu achten, so gut wir können Fehler zu vermeiden und geduldig zu bleiben, wenn sie trotzdem immer wieder auftauchen. Und wie anstrengend ist es, das innere Auge auf das Licht gerichtet zu halten. Solange ich aber diese zwei Bemühungen getrennt verfolge, ist es noch verhältnismäßig leicht, weil ich selbst über Schau und Handeln bestimme. In wahrer Kontemplation aber bestimmt die Schau über mein Handeln. Aus der Schau entspringt die Aufgabe, die mit Anforderungen herausfordert. Wenn von einer anspruchsvollen Aufgabe die Rede ist, dann meinen wir mehr als anstrengendes Handeln. Handeln kann mich bloß müde machen. Die Schau aber, wenn ich mich ihr zu stellen wage, stellt Ansprüche und verlangt, daß ich trotz meiner Müdigkeit weitermache. Das kleine »Kon«, das Schau und Tat vereint, ist das, was *Kon*templation anspruchsvoll und deshalb so schwierig macht.

Und doch, ließen wir diese kontemplative Spannung zwischen Tat und Schau zerreißen, dann würde jeder Zweck, den wir anstreben, seinen Sinn verlieren. Denn was ich Tat und Schau genannt habe, könnte man ebensogut auch Zweck und Sinn nennen. Vielleicht hast du lange Zeit schon einen Zweck verfolgt, und plötzlich erwacht in dir die Frage: Welchen Sinn hat denn das alles? Zweck ohne Sinn ist nichts als Schinderei. Aber der Sinn, den du in deinem Zweckstreben findest, wird dich unausweichlich herausfordern. Er wird Ansprüche an dich stellen. Du bist nicht mehr blinder Aktivist, aber der neuentdeckte Sinn, der dich anspricht, stellt neue Anforderungen an dich. Es ein kleines bißchen klarer zu sehen, worum es im Leben geht, macht es spannender, lohnender, aber ganz sicher nicht leichter. Vielleicht ist das der Grund dafür, daß es etwas in uns gibt, das sich lieber mit der Plackerei abfindet, als sich der Herausforderung eines höheren Sinnes zu stellen und über uns selbst hinauszuwachsen.

Im etwas nachlässigen alltäglichen Sprachgebrauch benutzen wir Zweck und Sinn manchmal so, als seien sie dasselbe. Wir sollten uns aber daran erinnern, wie wir einen gegebenen Zweck anstreben und wie wir im Gegensatz dazu Sinn erfahren. Der Unterschied ist bemerkenswert. Um unseren Zweck zu erreichen, ganz gleich was es sei, müssen wir die Situation beherrschen, die Sache in die Hand nehmen, die Dinge in den Griff bekommen. Wir müssen Kontrolle ausüben. Gilt das auch für eine Situation, in der du tiefen Sinn erfährst? Du wirst feststellen, daß du Worte gebrauchst wie »berührt«, »bewegt«, ja selbst »fortgerissen werden« von dem Erlebnis. Das hört sich nicht so an, als würdest du das Geschehen kontrollieren. Vielmehr hast du dich dem Erlebnis überantwortet, es hat dich fortgetragen, und nur so hast du in ihm Sinn gefunden. Wenn du die Kontrolle nicht übernimmst, wirst du Ziel und Zweck nicht erreichen; wenn du dich andererseits nicht hingibst, wirst du Sinn nie erfahren.

Es besteht eine Spannung zwischen diesem Kontrolle übernehmen und sich dem Sinn hingeben. Diese Spannung zwischen Geben und Nehmen ist die Spannung zwischen Sinn und Zweck, zwischen Schau und Tat. Lassen wir diese Spannung zerreißen, dann polarisiert sich unser Leben. Eine kreative Spannung aber aufrechtzuerhalten ist anstrengend. Es erfordert von uns eine Hingabe, die uns schwerfällt. Warum schwer? Weil sie Mut erfordert. Solange wir die Kontrolle haben, fühlen wir uns sicher. Lassen wir uns aber hinreißen, dann ist nicht zu sagen, wohin das führen wird. Wir wissen nur, daß das Leben abenteuerlich wird. Zum Abenteuer aber gehört Wagnis. Manchmal macht uns das Wagnis so sehr Angst, daß wir lieber alles unter Kontrolle halten, selbst wenn das bedeutet, daß wir uns mit Langeweile zufrieden geben müssen.

Entsinne dich, wie das in persönlichen Beziehungen funktioniert. Du glaubst, daß dir jemand sicher ist: »Ich habe ihn im Sack« oder »Sie frißt mir aus der Hand«. Hältst du aber eine Beziehung so unter Kontrolle, dann wird sie sehr schnell langweilig. So gibst du euch beiden aber ein wenig Spielraum. Schon wird es abenteuerlich, aber auch riskant. Du weißt nie, was als nächstes passiert, wenn du dich auf Abenteuer einläßt. Sobald es dir genügend Angst macht, verschließt du dich aber sofort wieder. Manchmal bewegen wir uns an einem einzigen Tag viele Male hin und her zwischen Geben und Zurücknehmen, zwischen Auf- und Zumachen.

Leben aber ist Geben-und-Nehmen, nicht Geben oder Nehmen. Krampfhaftes Luftschnappen ist eine Sache, natürliches Atmen eine andere. Wenn wir Luft holen, dann nehmen wir uns die Lungen voll, wenn wir wieder ausatmen, dann geben wir die Luft wieder her. Diese Balance zwischen Geben und Nehmen ist der Schlüssel für ein gesundes Leben. Tatsächlich ist Balance ein zu mechanisches Wort, um es auf die innige Verwobenheit dieses Gebens-und-Nehmens anzuwenden. Es handelt sich ja hier um ein Geben im Nehmen und ein Nehmen im Geben. Ist das einmal klar, dann müssen wir nicht länger betonen, daß es hier nicht darum geht, Geben und Nehmen gegeneinander auszuspielen. Ganz und gar nicht. Wir stellen hier ein lebenspendendes Geben-und-Nehmen einem bloßen Nehmen gegenüber, das ebenso tötlich ist wie bloßes Geben. Es spielt kaum eine Rolle, ob du nur einatmest und dann die Luft anhältst oder ob du nur ausatmest und es dabei bewenden läßt. In beiden Fällen bist du tot.

Die meisten von uns benötigen ziemlich viel Ermunterung zum Geben. So wie wir gebaut sind (oder vielmehr durch unsere Gesellschaft in eine verbogene Form gepreßt wurden), fällt uns das Nehmen mehr als leicht. Es könnte sich als guter Test erweisen, wenn du eine halbe Stunde lang darauf achtest, wie häufig du »ich nehme« und wie oft du »ich gebe« sagst. Unsere Sprache verrät uns. Ich nehme Unterricht, ich nehme mir frei, ich nehme mir ein Zimmer, ich nehme mir ein Taxi, ich nehme mir die Freiheit, ich nehme mir das Recht, ich nehme ein Bad, ich nehme einen Drink, ich nehme Urlaub, ich nehme, nehme, nehme, und wenn ich schließlich müde bin von all dem Nehmen, dann ge-nehmige ich mir ein Schläfchen. Zumindest versuche ich das, bis ich herausfinde, daß ich kaum einschlafen werde, bis ich mich jenem Schläfchen hingebe und es dem Schläfchen gestatte mich zu nehmen. Und doch sind einige von uns dermaßen auf das Nehmen ausgerichtet, so unfähig, sich selbst zu geben, daß wir uns mit Schlaftabletten außer Gefecht setzen müssen, damit das arme Schläfchen eine Chance bekommt, uns zu nehmen.

Das bringt uns zum Thema Muße. Ein gesundes Verständnis von Muße zurückzugewinnen, würde einen ziemlichen Fortschritt im Verständnis von Kontemplation bedeuten. Aber nur wenige Worte aus unserem Sprachgebrauch werden so sehr mißverstanden wie das Wort »Muße«. Das wird sofort deutlich, wenn wir von Arbeit und Muße als einem Gegensatzpaar sprechen. Heißen die beiden Pole aller Aktivität wirklich Arbeit und Muße. Wenn dem so wäre, wie könnten wir dann von einem Arbeiten in Muße sprechen? Das wäre ein offensichtlicher Widerspruch. Und doch wissen wir, daß es ganz und gar kein Widerspruch ist. Tatsächlich ist es so, daß jede befriedigende Arbeit mit Muße verrichtet werden will.

Was also ist nun das Gegenteil von Arbeit, wenn es nicht Muße ist? Es ist das Spiel. Arbeit und Spiel – das sind die beiden Pole aller Aktivität. Und was wir über Zweck und Sinn gelernt haben, wird uns hier helfen, dies klarer zu erkennen. Wann immer du arbeitest, dann tust du das, um einen bestimmten Zweck zu erreichen. Gäbe es diesen Zweck nicht, dann hättest du etwas besseres zu tun. Arbeit und Zweck sind so eng miteinander verknüpft, daß deine Arbeit endet, sobald dein Zweck erreicht ist. Oder willst du dein Auto weiter reparieren, wenn es bereits wieder läuft? Das mag weniger offensichtlich sein, wenn du den Boden fegst. Ist es nicht möglich, den Boden weiterzufegen, selbst dann, wenn sich kein Staubkörnchen mehr findet? Nun, du kannst natürlich mit dem Besen weiterfegen, wenn es dir Spaß macht, aber dein Zweck ist längst erreicht, und damit endete die Arbeit als solche. Früher oder später wird dich sicherlich jemand fragen, warum du noch immer mit dem Besen herumspielst. Was einmal Zweck hatte und Arbeit war, ist jetzt eben zum Spiel geworden.

Beim Spiel liegt die gesamte Betonung auf dem Sinn der Aktivität. Sagst du deinen Freunden, daß es dir aßerordentlich sinnvoll erscheint, an einem Freitagabend mit einem Besen herumzutanzen, dann mögen sie dich zwar verwundert anschauen, ernsthaft widersprechen können sie hingegen kaum. Spiel braucht kein Ziel. Darum kann das Spielen immer weitergehen, solange die Spieler es für sinnvoll halten. Schließlich tanzen wir ja nicht, um irgendwo hinzukommen. Wir tanzen im Kreis. Eine Symphonie endet nicht, wenn sie ihren Zweck erfüllt hat. Genau genommen hat sie keinen Zweck. Es ist spielerische Sinnentfaltung, die sich in jedem ihrer Rhythmen, in jedem Satz und jedem Thema offenbart: Sinn zu feiern, darum geht es. Menzlers Kanon ist eine der großartigen Überflüssigkeiten des Lebens. Wann immer ich ihm zuhöre, erkenne ich aufs neue, daß einige der überflüssigsten Dinge die notwendigsten für uns sind, weil sie unserem menschlichen Leben Sinn verleihen.

Diese Art von Erfahrung benötigen wir, um unsere Weltsicht zu korrigieren. Gar zu leicht neigen wir zu der Vorstellung, daß Gott diese Welt aus einem bestimmten Zweck erschuf. Wir sind dermaßen im Zweckdenken verfangen, daß wir uns sogar Gott als zweckgebunden vorstellen. Gott aber spielt. Die Vögel eines einzigen Baumes sind Beweis genug, daß Gott sich nicht mit einer göttlichen No-Nonsense-Haltung daran machte, eine Kreatur zu schaffen, die auf perfekte Weise den Zweck eines Vogels erfüllt. Was könnte dieser Zweck auch sein, frage ich mich. Es gibt Kohlmeisen, Schneefinken und Amseln, Spechte, Rotkehlchen, Stare und Krähen. Der einzige Vogel, den Gott nie geschaffen hat, ist der No-Nonsense-Vogel. Öffnen wir unsere Augen und Herzen für Gottes Schöpfung, dann sehen wir schnell, daß Gott ein spielerischer Gott ist, ein Gott der Muße.

Wir sollten aber darauf achten, daß wir nicht Muße und Arbeit gegeneinander ausspielen. Muße ist die Ausgewogenheit von Arbeit und Spiel. Muße wird beiden gerecht. Aber selbst das könnte mißverstanden werden. Zu hastig könnte jemand sagen: »Jawohl, wenn Spiel, dann Spiel; wenn Arbeit, dann Arbeit. Jedes zu seiner Zeit. Eine perfekte Balance, nicht wahr?« Nicht besonders perfekt, wie mir scheint. Geht mir perfekte Arbeit nicht auch spielerisch von der Hand? Menschen, die ihre Arbeitszeit mit nichts als ihrem Ziel vor Augen verbringen, wissen kaum mehr, was spielen heißt, wenn ihre Freizeit schließlich anfängt. Entweder fallen sie erschöpft mit einem Glas in der Hand in das Sofa vor dem Fernsehschirm, weil diese Art von Arbeit einen völlig verschleißt. Oder aber sie sind so sehr der Gewohnheit bloßen Zielstrebens verfallen, daß sie auch jetzt weiterarbeiten. Unfähig zu spielen, machen sie entweder Überstunden oder arbeiten mit ihren Golf- oder Tennisschlägern in den Händen weiter. Wir sind einfach so lange unfähig, spielerisch zu spielen, wie wir nicht gelernt haben, spielerisch zu arbeiten.

Spielerisch arbeiten? Hört sich das nicht beinahe frivol an, wenn man die Haltung zur Arbeit bedenkt, die vielen von uns eingebleut wurde? Spielerisch arbeiten, das klingt wie Herumspielerei. Und doch führt eigentlich nur jene Arbeit, die wir mit Muße tun, zum Ziel. Das Ziel ist ja nicht der Zweck, sondern ein sinnerfülltes Leben. Mit Muße arbeiten heißt, die Sinnbetonung, die wir vom Spiel her kennen, auch in unserer Arbeit zu verwirklichen. Muße läßt inmitten einer zielgerichteten Aktivität Raum für Sinn. Das chinesische Schriftzeichen für Muße besteht aus zwei Elementen, die für sich genommen offenen Raum und Sonnenschein bedeuten: Muße schafft Raum, um die Sonne hineinscheinen zu lassen. Eines späten Morgens sah ich einmal ein Bündel Sonnenstrahlen im steilen Winkel in die von Menschen geschaffene Schlucht der Wall Street fallen und verstand, was jenes alte chinesische Ideogramm für Muße beschäftigten New Yorkern zu sagen hätte.

Wenn unsere zweckgerichtete Arbeit obendrein sinnvoll ist, dann werden wir uns inmitten all der Arbeit wohlfühlen. Dann werden wir nicht so darauf versessen sein, sie hinter uns zu bringen. Wenn du nur einige Minuten täglich damit verbringst, etwas hinter dich zu bringen, dann könntest du im Verlauf eines ganzen Lebens Tage, Wochen und Jahre vergeuden. Sinnlose Arbeit ist eine Art, Zeit totzuschlagen. Muße aber läßt die Zeit lebendig werden. Das chinesische Schriftzeichen für Geschäftigkeit ist ebenfalls aus zwei Elementen zusammengesetzt: aus Herz und Töten. Eine zeitgemäße Warnung. Selbst unser Herz ist nur dann gesund, wenn es mit Muße schlägt.

Das Herz ist ein Muskel mit Muße. Er unterscheidet sich von allen anderen Muskeln. Wieviele Liegestütze schaffst du, bevor deine Muskeln an Armen und Bauch so müde werden, daß du anhalten mußt? Dein Herzmuskel aber arbeitet, solange du lebst. Er wird nicht müde, denn eingebaut in jeden Herzschlag ist eine Ruhepause. Für unser körperliches Herz ist es wesent-

68

lich, daß es in aller Ruhe arbeitet. Wenn wir unsere innerste Wirklichkeit »Herz« nennen, dann bedeutet das, daß jene lebensspendende Ruhe und Muße unserem tiefsten Wesen entspricht. Wenn wir unserem Herzen gemäß leben, dann können wir jene Ruhe niemals verlieren. Würde uns das nicht gesund und jugendlich erhalten, besser als Pillen und Kosmetik?

So betrachtet ist Muße kein Privileg, sondern eine Tugend. Ruhe und Muße sind nicht das Privileg einiger weniger, die sich Zeit dafür nehmen können, sondern die Tugend all jener, die bereit sind, dem Zeit zu geben, was Zeit beansprucht – gerade so viel Zeit, wie eine Aufgabe es berechtigterweise erfordert. Damit hat sich der Kreis geschlossen, und wir sind wieder bei der Kontemplation angelangt. Nur wenn wir zu den Sternen aufschauen, können wir den Sinn unserer Zwecke erkennen; nur wenn wir uns an die Arbeit machen, können wir die Forderungen unserer Schau in die Tat umsetzen. Nennen wir diese Haltung Muße, dann heißen ihre zwei Pole Arbeit und Spiel. Nennen wir dieselbe Haltung Kontemplation, dann heißen jene beiden Pole Tat und Schau. Gleichgültig ob wir sie Kontemplation oder Muße nennen, die erhöhte Lebendigkeit, die wir dabei meinen, entspringt der schöpferischen Spannung zwischen Zweck und Sinn. Veranschaulichen wir uns dies im folgenden Schema:

	Schau	*Sinn*	*Spiel*	
	(ideale Ordnung)		(sich hingeben)	
Kontemplation	↕		↕	*Muße*
	(praktische		(in Kontrolle	
	Verwirklichung)		halten)	
	Tat	*Zweck*	*Arbeit*	

Mit der Wiederentdeckung der umfassenden Bedeutung des Wortes Kontemplation geben wir einem Schlüsselbegriff christlicher Spiritualität seinen vollen Sinn zurück. Aber gleichzeitig tun wir viel mehr. Wir befreien Kontemplation aus den Händen der Spezialisten und geben sie all jenen zurück, denen sie von Geburt an zusteht: allen Menschen.

Viel zu lange wurde Kontemplation als die private Domäne der Kontemplativen betrachtet. Kontemplative waren diesem eingegrenzten Verständnis nach nur jene, die sich ausschließlich der Sinnschau widmeten, sich dem Zweck, dem Handeln jedoch verschlossen. Häufig machten sie beispielhaft die Intensität deutlich, mit der wir uns auf den Sinn des Lebens einstimmen müssen, zeigten den Mut, den wir brauchen, um uns den Forderungen der Schau unseres Herzens zu stellen. Und doch wurden nur die größten unter ihnen zu Vorbildern für die Umsetzung dieser Schau in Handeln. Vielleicht können wir Beispielhaftigkeit in beiden Bereichen nur von den größten unter uns erwarten. Auf jeden Fall aber müssen wir alle uns um die Pflege beider Bereiche bemühen, wenn wir uns nicht schief und einseitig entwickeln wollen. Nur durch die Pflege einer kontemplativen Haltung gelingt es uns, zu harmonischen Menschenwesen zu werden. Wie also könnten wir die Kontemplation den Kontemplativen überlassen? Wir sollten uns von diesem extravaganten Wort »Kontemplation« nicht irreführen lassen. Wenn Kontemplation ein Leben in schöpferischer Spannung von Zweck und Sinn bedeutet, wer darf sich dann ihrer Herausforderung entziehen? Und sobald wir uns der Herausforderung der Kontemplation stellen, beginnen wir jene Lebensfülle zu entdecken, nach der sich unser menschliches Herz sehnt.

Jedes einzelne der vorigen Kapitel beschäftigte sich mit einem besonderen Aspekt jener kontemplativen Spannung. Schauen wir von dem Punkt, den wir hier erreicht haben, zurück, dann finden sich unsere Schlüsselbegriffe jetzt an ihrem Platz:

Staunen	– das Herz sieht:	alles ist Geschenk	
Gebet			*Dankbarkeit*
Konzentration	– das Herz handelt:	uneingeschränkte *Antwort*	

Was unser Beten zum Gebet macht, ist Andächtigkeit. Und diese vereint, wie wir sehen, Konzentration und Staunen. Wenn wir jetzt zurückblicken, dann wird klar, daß diese zwei Komponenten andächtiger Sammlung in zwei Richtungen weisen: auf Zweck und Sinn. Konzentration zielt auf Zweck ab, Staunen öffnet sich dem Sinn.

Staunen bedeutet mit den Augen des Herzens zu sehen. Und durch Konzentration im Gebet sammeln wir uns in jener Herzensmitte, aus der jede echte Antwort entspringt. Das Herz ist hier wieder von zentraler Bedeutung. Aus unserer Sicht verbindet das Herz Gebet und Dankbarkeit. Das Herz sieht voller Staunen, daß diese gegebene Welt und alles, was wir in ihr finden, letztlich Geschenk ist. Auf diesen Geschenkcharakter aller Dinge antwortet das Herz mit Danken, Preisen und Segnen.

Auch das Segnen ist ein Aspekt von Dankbarkeit. Was wir aber unter Segnen verstehen, ist weniger klar, als was wir mit Danken und Preisen meinen. In meinem eigenen Bemühen, Segnen richtig zu verstehen, stieß ich auf zwei schwierige Fragen. Die erste gab mir in meiner Schulzeit Rätsel auf. Mit der zweiten setze ich mich noch heute auseinander.

In der Schule sangen wir von »Gott, der den Segen spendet«. Damit gab es keine Probleme. Gott stand hoch über uns, und Segen war etwas, das auf uns herabfiel wie Sonnenstrahlen oder Frühlingsregen. Dann aber stolperte ich über Verse wie »Segne den Herrn, meine Seele«. Selbst »alle Tiere wild und zahm« ruft der Psalmist auf, Gott zu »segnen«. Das kam mir verdreht vor. Sollte ich Gott segnen? Kamen nicht alle Segnungen von Gott? Waren selbst Tiger und Pudel dazu aufgefordert, zu tun, was meiner Meinung nach nur Gott tun konnte – segnen?

Diese Frage muß ich eine ganze Weile mit mir herumgetragen haben. Aber eines Tages sprang mir die Antwort im wahrsten Sinne des Wortes aus dem Boden entgegen. Es geschah auf meinem Heimweg von der Schule an einem Frühlingsnachmittag. Die Sonne hatte den ganzen Schnee von der Landstraße geschmolzen. Alle Chancen, von einem Pferdeschlitten mitgenommen zu werden, waren dahin, und so nahmen wir eine Abkürzung am Bach entlang und prüften die dünne Eisschicht an verschiedenen Stellen, während wir dahinschlenderten. Wenn man irgendwo spüren kann, welch ein Segen warme Sonnenstrahlen sein können, dann in den österreichischen Alpen nach einem langen Winter. Jedes Fleckchen Erde schien diesen Segen zu spüren. Und dann, während wir durch den aufgeweichten Boden stapften, standen wir Kinder plötzlich vor den ersten Blumen. Hunderte von Huflattichblüten schoben sich durch totes Blattwerk. Das ganze Ufer war goldgelb.

Huflattich hat seinen Namen von der Form seiner Blätter, die an einen Hufabdruck erinnern. Aber die Blätter waren noch nicht da, nur die Blüten, immer mehr von ihnen, als wir weiterliefen und herumschauten. Das war der Frühling. O ja, selbst mitten im Winter hatte es Nieswurz gegeben, Schneerosen, wie wir sie nannten. Wenn an einem sonnigen Tag zwischen zwei Schneestürmen an den Südhängen trockene Flächen auftauchten, dann suchten und fanden wir sie sofort unmittelbar unter der Schneedecke, mondweiße Blüten. Manche waren hellgrün angehaucht oder hatten rosafarbene Ränder wie Wolken beim Sonnenuntergang. Die Winterrosen, fünf blasse Blütenblätter und eine winzige Krone in der Mitte, stammten aus einer Welt ohne Jahreszeiten. Jetzt aber war Frühling. Und diese goldenen Sonnen, nicht größer als ein Pfennig, jede auf ihrem eigenen kräftigen Stamm, waren der Segen der Erde, die Antwort auf den Segen, den die Sonne herabschickte. Keine andere Blume des Jahres, nicht einmal die riesige Sonnenblume im September, würde jemals ein genaueres Abbild der Sonne bieten, als dieser erste Frühlingssegen.

Und da war meine Antwort. Nicht nötig, etwas auszuklügeln. Ich ging einfach in sie hinein, sah sie, wurde sie, und meine Augen segneten Gott. Da wußte ich, was das bedeutet. Segen gibt Segen zurück, wie ein Echo. Das ist die tiefe, die eigentliche Bedeutung von Kontemplation. Die Vorstellung des Segens verbindet den Tempel oben mit dem Tempel hier unten. Unseres Herzens umfassendste Schau zeigt uns, daß alles Geschenk ist – Segen. Und die Antwort, die spontanste Handlung unseres Herzens ist das Danken – Segnen.

Hier aber kommt meine zweite Frage ins Spiel. Was, wenn ich

das Gegebene nicht als Segen erkenne? Was, wenn nicht Sonnenschein auf uns herabstrahlt, sondern wenn es Hagelkörner sind, die uns wie Hammerschläge treffen? Was, wenn es saurer Regen ist? Hier müssen wir bedenken, daß das eigentliche Geschenk immer Gelegenheit ist. So habe ich beispielsweise die Gelegenheit, gegen den sauren Regen etwas zu unternehmen. Ich kann mich den Tatsachen stellen, mich über die Ursachen informieren, zu ihren Wurzeln vordringen, andere alarmieren, mich mit ihnen zur Selbsthilfe, zum Protest verbünden. Nehme ich jede Gelegenheit war, wie sie sich anbietet, dann erweise ich mich dankbar. Meine Antwort wird jedoch nicht vollständig sein, wenn ich nicht auch die immer vorhandene Gelegenheit zu segnen und zu preisen sehe.

W. H. Auden hat mir mit seinem Gedicht »Precious Five«, besonders mit der letzten Strophe, geholfen, dies zu erkennen. »Ich könnte«, sagt Auden dort,

> Find reasons fast enough
> To face the sky and roar
> In anger and despair
> At what is going on,
> Demanding that it name
> Whoever is to blame:
> The sky would only wait
> Till all my breath was gone
> And then reiterate
> As if I wasn't there
> That singular command
> I do not understand,
> *Bless what there is for being,*
> Which has to be obeyed, for
> What else am I made for,
> Agreeing or disagreeing?

(Schnell genug Gründe finden,/ Gen Himmel blickend aufzuschreien/ Vor Zorn und Verzweiflung/ Über das, was hier vorgeht;/ Zu verlangen, daß es bei Namen nenne/ Wer dem da schuldig sei./ Der Himmel würde nur warten,/ Bis mir die Luft ausging,/ Um dann zu wiederholen/ Als gäbe es mich nicht,/ Jenes einzigartige Gebot,/ Das mir so unverständlich ist,/ *Segne was ist, weil es ist.*/ Was wir befolgen müssen,/ Denn wofür sind wir sonst geschaffen,/ Ganz gleich ob einverstanden oder nicht?)

Zu segnen was ist, und das aus keinem anderen Grund als einfach weil es ist – das ist unsere raison d'etre; dafür sind wir als Menschen geschaffen worden. Dieses eine Gebot ist uns ins Herz geschrieben. Ob wir das verstehen oder nicht, spielt kaum eine Rolle. Ob wir damit einverstanden sind oder nicht, ändert nichts. Im Herzen unseres Herzens wissen wir es ja doch.

Ganz gleich wie fest du eine Glocke schlägst, sie wird ertönen. Wofür sonst ist sie gemacht? Selbst unter schweren Schicksalsschlägen bleibt das Herz sich treu. Das menschliche Herz wurde zum allumfassenden Lobpreisen und Rühmen geschaffen. Solange wir auswählen und zurückweisen und unser Lob von unserer Billigung abhängig machen, kommt unsere Antwort nur aus halbem Herzen. Unser Herz als ganzes aber ist mit der ganzen Wirklichkeit in Einklang. Und Wirklichkeit verdient unser Lob. Mit klarem Blick erkennt das Herz den letztendlichen Sinn von allem: Segen. Und mit klarem Entschluß antwortet das Herz mit dem letztendlichen Lebenszweck: Danken, preisen, segnen.

»Rühmen, das ists!« ruft Rilke in seinen *Sonetten an Orpheus* aus. Und Orpheus, das Urbild des Dichters, der Mensch in seiner göttlichsten Gestalt, wird uns als »ein zum Rühmen Bestellter« gezeigt. »Ein zum Rühmen Bestellter,/ ging er hervor wie das Erz aus des Steins/ Schweigen.« Das Bild läßt an das Erz für Glocken denken. In einem anderen Bild ist sein Herz eine Kelter. Die Zeit des Traubenpressens geht vorüber, der Wein des Rühmens jedoch hält sich. Nicht einmal der Moder in den Grüften der Könige straft seine Rühmungen Lügen. Seine Botschaft bleibt. Noch weit in die Türen der Toten hinein trägt er Opferschalen mit rühmlichen Früchten.

Vom menschlichen Herzen sagt Rilke in seinen *Duineser Elegien:*

Zwischen den Hämmern besteht
unser Herz, wie die Zunge
zwischen den Zähnen, die doch,
dennoch die preisende bleibt.

Danken, preisen und segnen: alle drei gehören zur Dankbarkeit.
Keines dieser Wörter reicht ganz zu. Loben und preisen mag sich
für das Alltagsleben zu formell anhören. Vielen mag der Klang
des Wortes »segnen« zu sehr nach Weihrauch riechen, um sich
damit wohlzufühlen. Das Danken wiederum läßt eher an eine
höfliche Konvention denken, als an die universelle Haltung zum
Leben, die wir hier meinen. Aber jeder einzelne dieser drei
Begriffe fügt der Dankbarkeit einen Aspekt hinzu, den die
anderen zwei nicht betonen. Das Preisen betont die Antwort auf
einen Wert. Das Segnen hat einen religiösen Unterton. Das
Danken weist auf die persönliche Verpflichtung. Nur zusammengenommen machen diese drei aus Dankbarkeit uneingeschränkte Dankbarkeit.

Und plötzlich ist alles ganz einfach. Wir können all die
großen, sperrigen Worte vergessen. Dankbarkeit sagt alles. Und
Dankbarkeit ist etwas, das wir alle aus Erfahrung kennen. Kann
spirituelles Leben wirklich so einfach sein? Ja, was wir insgeheim
erhofften, stellt sich als wahr heraus: es ist alles ganz einfach. Es
ist eigentlich gerade diese Einfachheit, die uns so schwierig
erscheint. Aber warum vergessen wir nicht all die Komplikatio-
nen, die wir selbst auf unserem Weg auftürmen? Was Erfüllung
bringt, ist Dankbarkeit, die einfache Antwort des Herzens auf
dieses uns gegebene Leben in all seiner Fülle.

Glaube:
Vertrauen auf den Geber

Wir wollen einmal davon ausgehen, das bis hierher Gesagte sei überzeugend gewesen. Nehmen wir also an, wir seien uns einig, daß Dankbarkeit jene volle Lebendigkeit sei, nach der wir uns alle sehnen. Dann ist also die vor uns liegende Aufgabe einfach genug: Wir müssen lernen, dankbar zu leben. Die Schlüsselfrage lautet: Wie fangen wir das an?

An einer früheren Stelle sprachen wir davon, gesammelt leben zu lernen, und ich schlug vor, daß wir die Momente spontaner Sammlung in unserem täglichen Leben zum Ausgangspunkt machen sollten. Der Vorteil liegt darin, daß wir mit etwas beginnen, das schon zu unserem Erfahrungsschatz gehört. In bestimmten Situationen haben wir eine innere Haltung erfahren, die wir als gesammelt erkennen; von jetzt ab, so lautet die Aufgabe, wollen wir nicht nur einigen, sondern allen Situationen in jeder Haltung begegnen. Zumindest wissen wir bereits, was es ist, das wir uns in zielstrebiger Weise zu eigen machen möchten; wir kennen es von innen her, aus Erfahrung. Und das ist das Entscheidende. Sammlung läßt sich nicht durch bloße Imitation von außen erlernen.

Beim Erlernen von Dankbarkeit folgen wir dem gleichen Muster. Wir haben Augenblicke der Dankbarkeit erfahren und kennen deshalb die Haltung, die wir pflegen und vertiefen möchten, von innen her. Und in der Tat sind jene Momente tiefer Dankbarkeit gleichzeitig Augenblicke echter Sammlung, Momente, in denen unser Herz hellwach und bei sich selbst ist. Wir haben uns hiermit bereits beschäftigt und sind zu der Erkenntnis gekommen, daß deshalb Gebet und Dank aus der gleichen Wurzel stammen, aus dem Herzen. Wir müssen also zu den Gipfelerlebnissen des Herzens zurückfinden, wenn wir lernen wollen, dankbar zu leben.

Aber Vorsicht – ich habe da einen Ausdruck benutzt, der nur allzuleicht mißverstanden wird. Was bedeutet es, zu einem Erlebnis zurückzufinden? Das kann auf zweierlei Weise geschehen. Die eine schöpft neue Kraft aus der Vergangenheit, die andere läßt uns verkümmern. Worin besteht nun der Unterschied? Ich möchte es einmal folgendermaßen ausdrücken: Wenn ich aus der Erinnerung eine vergangene Erfahrung zurückrufe, um sie zu packen und gierig den allerletzten Tropfen aus ihr herauszusaugen, dann wird mir das nichts als Enttäuschung einbringen. Wenn ich mir andererseits dieselbe Erfahrung inne mache, um sie zu feiern, nur um sie hochzuhalten und wieder einmal zu bestaunen, dann wird sie mir ein um das andere Mal neue Kraft geben. Auf diese Weise sollten wir uns, so meine ich, an die Momente erinnern, in denen unser Herz hellwach, gesammelt und lebendig war.

Was immer wir über ein »Leben in Fülle« wissen, entstammt Erinnerungen jener Art. All unser Erfahrungswissen um Gott wurde uns in solchen Augenblicken gegeben. Und gibt es überhaupt religiöses Wissen, das diesen Namen verdient und nicht aus Erfahrung stammt? Wenn religiöse Traditionen vom göttlichen Leben in uns sprechen, dann setzen sie zumindest implizit unsere Höhepunkte wacher Bewußtheit voraus, unsere mystischen Erfahrungen. Ja, warum sollten wir zögern, das zuzugeben? Wir sind alle Mystiker. Wenn Mystik definitionsgemäß die Erfahrung der Kommunion mit der letzten Wirklichkeit ist (mit Gott, wenn du dich mit dem Begriff wohlfühlst), wer könnte dann abstreiten, ein Mystiker zu sein? Ohne irgendwelche Erfahrungen jener letzten Wirklichkeit wüßten wir nicht einmal, was mit Wirklichkeit im alltäglichsten Sinn gemeint ist. Wir wüßten nicht einmal, was »ist« bedeutet oder »jetzt«. Wir wissen es aber.

Ebenso wie wir Kontemplation nicht den Kontemplativen überlassen dürfen, so können wir die Mystik nicht den Mystikern überlassen. Das hieße, die Wurzeln menschlichen Lebens abzuschneiden. Setzen wir die Mystiker in unseren Gedanken auf ein Podest, hoch oben und außerhalb unserer Reichweite, dann werden wir weder ihnen noch uns selbst gerecht. Ähnlich dem, was Ruskin über das Künstlersein äußerte, könnten wir sagen: Ein Mystiker ist keine besondere Art Mensch; vielmehr ist jeder Mensch eine besondere Art Mystiker. Warum sollte ich mich der Herausforderung nicht stellen und jener einzigartige, unersetzliche Mystiker werden, der nur ich werden kann? Niemals hat es jemanden gegeben, und niemals wird es jemanden geben, der mir völlig ähnlich ist. Wenn ich es versäume, Gott in der nur mir eigenen Weise zu erfahren, dann wird jene Erfahrung für immer und ewig im Schattenland der Möglichkeiten bleiben. Mache ich jedoch diese Erfahrung, dann lerne ich das Leben in Fülle durch das göttliche Leben in mir selbst kennen.

Meine eigene Tradition spricht vom Lebensatem Gottes in uns. Unter drei Stichworten äußert sich die christliche Tradition über Gottes Gegenwart in unseren Herzen: Glaube, Hoffnung und Liebe. Diese Begriffe verweisen auf verschiedene Aspekte ein und derselben lebendigen Wirklichkeit. Aber vergessen wir nicht – hier geht es um Lebendiges. Leben kann man nicht sauber und ordentlich in seine Einzelteile zerlegen, wenn es lebendig bleiben soll. Glaube, Hoffnung und Liebe sind nicht drei Schubladen, gewissermaßen mit ganz bestimmtem Inhalt. Vielmehr handelt es sich hier um drei Arten des Lebendigseins, um Aspekte jenes Lebens in Fülle, das wir hier zum Thema haben.

Höhepunkte des Lebendigseins sind auch immer durch intensive Dankbarkeit gekennzeichnet. Selbst Menschen, deren Weltverständnis keinen göttlichen Gebenden kennt, dem ihr Dank gewidmet werden könnte, empfinden in solchen Momenten häufig eine tiefe Dankbarkeit. Sie erfahren dies nicht weniger stark als andere, wenn auch ihre Dankbarkeit so quasi »ohne Adresse« abgeschickt wird. Auf jeden Fall wissen wir aus Erfahrung, daß wir immer dankbar sind, wenn wir hellwach und wirklich lebendig sind. Wenn wir nun (in der richtigen Weise) zurück wollen zu unseren höchsten Momenten des Wachseins, um Dankbarkeit zu erlernen, dann würde sich eine Art Landkarte als durchaus brauchbar erweisen.

Es ist richtig, daß eine Karte niemals das Selber-Reisen ersetzen kann, aber selbst den erfahrenen Entdeckern unter uns kann sie von Nutzen sein. Glaube, Hoffnung und Liebe bieten uns so etwas wie Ausrichtungspunkte auf einer Karte, während wir zu unserer Erfahrung dankbarer Lebendigkeit zurückkehren. Tatsächlich leisten diese Ausrichtungspunkte mehr, als uns nur an bereits gemachte Erfahrung zu erinnern; sie verweisen auch nach vorne und wollen uns helfen, in Glaube, Hoffnung und Liebe im täglichen Leben fortzuschreiten. Das heißt dankbar werden. Denn richtig verstanden, sind Glaube, Hoffnung und Liebe drei Aspekte von Dankbarkeit.

Diese Art, Ausrichtungspunkte zu benutzen, hat einen weiteren Vorteil. Die Karte hilft uns, zum Gebiet einer tatsächlichen Erfahrung zurückzukehren, während gleichzeitig die Erforschung jenes Gebiets dazu beiträgt, unsere Karte zu korrigieren und auf den neuesten Stand zu bringen. So hilfreich Karten auch sein mögen, sie bleiben doch ständig der Korrektur bedürftig, die sich aus den Entdeckungen jener ergibt, die sie auf ihren Forschungsreisen benutzen. Dies gilt auch für Karten des spirituellen Bereiches. Jene unter uns, die unsere Ausrichtungspunkte längst zu kennen meinen, mögen zu ihrer Überraschung herausfinden, daß der Glaube aus der lebendigen Erfahrung überwältigender Dankbarkeit neue Bedeutung gewinnt.

Gerade jene unter uns, die mit dem Konzept des Glaubens vertraut sind, könnten die ersten sein, die fragen. Glaube? Was hat mein Glaube mit jenem Erlebnis auf dem Berggipfel (oder inmitten eines Verkehrschaos) zu tun, in dem plötzlich, ohne ersichtlichen Grund, alles Sinn hatte? Ein Grund, warum wir die Verbindung nicht erkennen, mag darin liegen, daß wir niemals etwas so offensichtlich Religiöses wie Glaube in einem Kontext zu finden suchten, der nicht als explizit »religiös« etikettiert war. Doch Etiketten täuschen häufig. Woher wissen wir, was »religiös« bedeutet, wenn nicht durch unsere Momente intensivster und höchster Bewußtheit? Dem umfassendsten Verständnis von »Wissen« zufolge wissen wir nichts außer dem, was wir wirklich erlebt haben. Glaube ist nicht ein Sammelsurium von Überzeugungen, das uns die Tradition überliefert. Er hat vielmehr etwas mit jenem mutigen Lebensvertrauen zu tun, das wir aus Momenten höchster Lebendigkeit kennen. Es mag überraschend sein, aber gerade diese Bedeutung von Glaube wird von der authentischen christlichen Tradition bezeugt.

In den Evangelien, so sagen uns die Sprachgelehrten, gibt es keine einzige Stelle, in der das griechische Wort für »Glaube« Überzeugungen bedeutet. Wenn Jesus beispielsweise den »Glauben« des römischen Beamten bewundert, dann heißt das, daß er beeindruckt ist von dem tiefen Vertrauen des Mannes, und nicht etwa von dessen religiösen Überzeugungen. Und als Jesus die Jünger für ihren »Mangel an Glauben« tadelt, da meint er ihren Mangel an mutigem Vertrauen; es war keine Rüge für den Abfall von einem oder dem anderen Glaubenssatz. Der Grund dafür liegt auf der Hand: ein Glaubensbekenntnis existierte noch gar nicht. Glaube bedeutete das mutige Vertrauen auf Jesus und die frohe Botschaft, die er lebte und predigte. Später zwar sollte sich dieses Vertrauen zu expliziten Glaubenssätzen kristallisieren. Der Ausgangspunkt aber ist vertrauender Mut, nicht ein Für-wahr-Halten, sondern Glaube schlechthin. Und in unserem Glaubensleben ist es – wie beim Anzünden einer Zündschnur – von entscheidender Bedeutung, an welchem Ende wir anfangen.

Ausgangspunkte sind in der Bibel von allergrößter Bedeutung. Der erste Vers, das erste Bild, der Anfang einer Geschichte – drücken oft in Kurzform das Wesentliche der ganzen Geschichte aus. Diese Tatsache sollten wir beim Bibellesen nicht vergessen. Was ist beispielsweise der eigentliche Anfang der Geschichte unseres Glaubens, wie die Bibel sie erzählt? Es beginnt mit Abraham, den wir »unseren Vater im Glauben« nennen. Wenn Glaube zuallererst darin bestünde, an *irgendetwas* zu glauben, dann hätte Gott sicherlich damit begonnen, Abraham eine Reihe von Glaubenssätzen zu vermitteln. Glauben heißt aber in erster Linie, an *jemanden* zu glauben. Gott gibt zwar Abraham Versprechungen, an die er glauben soll, aber zuerst fordert Gott sein Vertrauen heraus. Glaube ist am Anfang praktisch ohne jeden Inhalt. Es ist reines Vertrauen.

»Verlaß dein Land!« sind Gottes erste Worte an Abraham, der erste Vers aus Kapitel 12 der Genesis. »Geh hinaus!« lautet die Herausforderung. »Wage dich vor!« Die deutsche Übersetzung erlaubt es kaum, die volle Wucht dieser Aufforderung auszudrücken. Und dann türmt sich Bild auf Bild, um dies Wagnis für Abrahams Mut so herausfordernd wie möglich zu machen: »Verlaß dein Land *und* deine Verwandtschaft *und* deines Vaters Haus.« Und wohin soll er gehen? »... in das Land, das ich dir zeigen will.« Weder eine Karte, noch eine Richtung, noch der Name seines Ziels werden Abraham gegeben. Es ist, als sagte Gott: »Vertrau Mir! Ich bringe dich hin. Alles was du brauchst, ist der Mut hinauszugehen und alles hinter dir zu lassen.« So und nur so wird Abraham zu unserem Vater im Glauben. Und fast nebenbei erfahren wir hier, wie alt Abraham war, als er sich im Glauben auf den Weg machte: fünfundsiebzig! Das ist nicht unbedingt ein Alter, in dem sich Menschen besonders abenteuerlustig fühlen. Es muß Abraham einiges an Vertrauen und Mut gekostet haben.

Es gibt noch einen anderen entscheidenden Anfangspunkt in der biblischen Glaubensgeschichte, nämlich den ersten Schritt in Gottes Bund mit Abraham. In diesem Fall beginnt der Bericht mit der Mitteilung, daß Abraham jetzt neunundneunzig Jahre alt ist. Da einhundert für Vollkommenheit steht, werden wir hier darauf aufmerksam gemacht, daß unser Vater im Glauben noch nicht ganz vollendet ist. Und so erscheint Gott Abraham und sagt: »Ich bin El Schaddai« (Genesis 17,1). Nach einer Art, den hebräischen Namen Gottes auszulegen, heißt das: Ich bin der Eine, der die Grenzen festlegt, der dir sagt, was »genug« bedeutet, der über das Maß von Fülle und Vollkommenheit entscheidet. Und woran fehlt es dem Abraham noch? »Wandle vor mir und sei vollkommen.« Das ist es, was die Vollkommenheit des Glaubens ausmacht: in Gottes Gegenwart zu wandeln.

Was aber heißt das? Gott sagt nicht: »Wandle vor mir und reiß dich zusammen, denn ich behalte dich ständig im Auge!« Vielmehr bedeutet das Wandeln vor Gott an sich schon ein schrittweises Fortschreiten in Richtung auf Vollkommenheit. Dabei handelt es sich natürlich um etwas, das wir nur verstehen können, indem wir es selbst tun. Darüber zu sprechen, hilft nicht viel. Aber es kann uns vielleicht zu einer klareren Vorstellung davon verhelfen, was das Wandeln vor Gott von uns verlangt. Es verlangt nicht weniger als vollkommenes Vertrauen, vollkommenen Glauben. Da dies nicht von Anfang an offensichtlich ist, wollen wir uns etwas näher damit beschäftigen.

Bevor uns Schriftstellen helfen können, müssen wir uns ihnen stellen. Ich muß mir selbst sagen: Halt inne und höre zu! Handelte es sich hier lediglich um eine Aufforderung an Abraham, dann würde sie mich nicht betreffen. Aber hier geht es um *mich*! Sich dieser Tatsache zu stellen, erfordert Mut. Ach, wieviel einfacher wäre es, so denke ich manchmal, wenn ich Abraham wäre oder zumindest der Heilige Franziskus oder die Heilige Teresa oder irgendein anderer geistlicher Riese – aber ich Zwerg?

Ich habe die Geschichte von jenem Rabbi so gerne, der betete: »Herr, mach mich wie Abraham!« Vielleicht hatte ihn gerade die obige Schriftstelle inspiriert. »Gerne würde ich in Deiner Gegenwart wandeln«, so fährt er fort, »aber zuerst mache mich bitte wie Abraham.« Worauf eine Stimme vom Himmel ertönt: »Schau, einen Abraham habe ich doch schon!«

Je eine Ausgabe meiner bewunderten Vorbilder genügt Gott. Hier und jetzt ruft Gott niemand anderen als mich. Niemand anders als ich wandelte jemals vor Gott mit genau der gleichen Vergangenheit, den gleichen Stärken, den gleichen Schwächen. Ja, selbst unsere Schwächen scheinen für Gott eine willkommene Herausforderung zu sein. Wandle vor Mir, sagt Gott, und ich werde dir zeigen, daß ich selbst einen so unwahrscheinlichen Kandidaten wie dich zur Vollkommenheit führen kann. Dieses Angebot kann ich erst dann annehmen, wenn ich den Mut habe, mich selbst zu akzeptieren. Das aber heißt, mich selbst wie ich bin, als eine gegebene Wirklichkeit zu akzeptieren – als das gegebene Material, mit dem es zu arbeiten gilt; vielleicht als ein Material, das sehr der Veränderung bedarf, in jedem Fall aber ein gegebenes ist. Mich selbst in dieser Weise als gegeben akzeptieren, bedeutet für sich genommen bereits eine Form von Dankbarkeit.

Die Herausforderung, ich selbst zu sein, stellt aber nur eine der Implikationen von Gottes Ruf nach vollkommenem Glauben dar. Es gehört noch mehr dazu. Ich selbst muß vor Gottes

Angesicht wandeln. Das kann nicht in Vertretung geschehen. Ich betrachte mich selbst und wünschte, ich könnte mich dafür wenigstens etwas zurechtmachen, selbst wenn es nicht mehr wäre als Adams Feigenblatt. Der Gedanke, Gott nackt gegenüberzustehen, ist kaum auszuhalten. Ich verberge mich ebenso, wie Adam sich im Gebüsch versteckte. Aber da höre ich dann Gottes Stimme, die mich ruft: »Adam, wo bist du?« Dies ist Gottes Aufforderung, mich in gläubigem Vertrauen bloßzustellen. Diese zweite Implikation der Aufforderung zu vollkommenem Glauben scheint weitaus größere Ansprüche an mich zu stellen, als selbst die Herausforderung, ich selbst zu sein.

Mich selbst von Angesicht zu Angesicht Gottes Anblick auszusetzen bedeutet zweierlei. Gott ruft, und Adam versteht den Ruf als: »Wo bist *du*?« Gott ruft und Kain versteht den gleichen Ruf als: »Wo ist dein *Bruder*?« Was wir hören, hängt davon ab, wo wir stehen. Für Adam heißt es, sich Gott zu stellen, indem er sich mit sich selbst konfrontiert. Für Kain heißt es, Gott in seinem Bruder zu begegnen. Hier geht es um zwei untrennbare Aspekte ein und desselben Rufs. Verschließe ich meine Ohren dem einen, dann wird meine Antwort auf den anderen unvollständig sein.

Die Schwierigkeit besteht darin, daß wir zur Unausgewogenheit neigen. Einige von uns pflegen Gott ausschließlich in den geheimen Winkeln unseres Innenlebens zu suchen, andere wiederum ausschließlich in der Begegnung mit Menschen. Erstere geraten nie in Schwierigkeiten, wenn Gott fragt: »Wo bist *du*?« »Hier bin ich, Herr. Ich habe gerade mein Gewissen geprüft und weiß ganz genau, wo ich bin. Es besteht keine Gefahr, daß ich mich selbst verliere. Ich gestatte es niemandem, mich von meiner Aufgabe der Selbstentwicklung abzulenken.« Gott aber fragt: »Und wo ist dein Bruder?« Betretenes Schweigen.

Nun bekommen die anderen ihre Chance. Auch ihre Antwort läßt nicht auf sich warten. »Welchen meiner Brüder meinst du, Herr? Über wen möchtest du etwas erfahren? Ich besitze detaillierte Informationen über jeden einzelnen. Auch über meine Schwestern, falls du daran interessiert bist. Ich lasse keinen von ihnen aus den Augen. Hier sind meine Karteikarten.«

Gott aber fragt: »Und wo bist *du*?« – »Ich? Oh, äh, ich vermute, da fehlt eine Karte in meiner Kartei!«

Es klingt ganz lustig, solange ich mir diese zwei Leute irgendwo dort draußen vorstelle. Sobald ich aber erkenne, daß sich die beiden auch in mir befinden, ist die Angelegenheit weniger amüsant. Ja, ich stelle fest, daß ich dazu neige, gerade das Gegenteil dessen zu tun, was im Augenblick verlangt wird. Wann immer ich die Frage höre: »Wo bist du?«, scheine ich mit den Angelegenheiten anderer beschäftigt zu sein. Und wenn ich gefragt werde: »Wo ist dein Bruder?«, dann bin ich schwer mit mir selbst beschäftigt. Wenn ich mich aber ernstlich, wie Abraham, unser Vater im Glauben, Gottes Gegenwart aussetzen will, dann muß ich mich Gott in mir selbst und in anderen stellen, ganz wie es der gegebene Augenblick verlangt. Zwei verschiedene Gebärden, aber ein und dieselbe Antwort des Glaubens.

Eine dritte Herausforderung ist in Gottes Anruf an Abraham enthalten. »Wandle vor mir, und sei (also) vollkommen.« Ich wiederhole: Das ist an mich persönlich gerichtet als Aufforderung, ich selbst zu sein. Es beruft mich in Gottes Gegenwart und ist damit die Aufforderung, Gott in anderen und in meinem eigenen Herzen zu begegnen. Dieser Ruf ist aber jetzt ganz offensichtlich auch die Aufforderung zu gehen, zu *wandeln*. Schließlich hätte Gott uns auch auffordern können zu »stehen«, oder zu »knien«, oder »uns niederzuwerfen«. Nein, das Wort heißt »wandeln«. Wandeln verlangt mehr an Vertrauen, mehr an Mut. Glaube wandelt. Wandeln beinhaltet Ungewißheit und Wagnis. Und der Glaube wächst am Wagnis.

Während des größten Teils unseres Lebens und mit nur wenigen Ausnahmen – wenn beispielsweise die Gehsteige vereist sind – vergessen wir, daß das Gehen ein Wagnis ist. Unsere älteren Mitbürger jedoch wissen es besser, und kleine Kinder ebenso. Welch ein ehrfurchtgebietender Moment, wenn jene kleine Vierfüßlerin in Windeln sich erhebt und zum ersten Mal auf zwei Beinen steht! Sie wackelt, zugegeben, aber sie steht. Und in ihrem Gesicht steht geschrieben, daß sie sich des Wagnisses bewußt ist, auf das sie sich eingelassen hat. Dann hebt sie eines jener ungeübten Beine und – bums, hat sie das Gleichgewicht verloren. Später sind wir uns nicht länger bewußt, daß wir in der Tat mit jedem Schritt das Gleichgewicht verlieren. Schnell haben wir es wiedergewonnen. Und doch, ohne das Risiko des Fallens einzugehen, kämen wir nicht einen einzigen Schritt voran. Genau dies ist die Form der Fortbewegung, die Gott von uns auf dem Wege des Glaubens verlangt: nicht reiten, nicht schwimmen, nicht fliegen, sondern gehen, wandeln – ein ständiges Verlieren und Wiederfinden unseres Gleichgewichts.

Fürchten wir uns davor, uns zum Narren zu machen, sind wir zu stolz, um unser Gleichgewicht auch nur einen Moment lang zu verlieren und zu sehr darum bemüht, in Gottes Angesicht eine gute Figur zu machen, dann läuft es darauf hinaus, daß wir wie Statuen in erhabenen Posen herumstehen und uns erst recht zum Narren machen. Aber die Bereitschaft, unser Gleichgewicht zu verlieren, ist nicht genug, wenn wir dabei völlig aus der Balance geraten. Wir müssen unser Gleichgewicht tänzerisch aufs Spiel setzen und dürfen es doch nicht verlieren. Wir müssen es wagen, uns zu Narren zu machen, nicht aber auf närrische Weise. Im Glauben wandeln wir närrisch und doch weise wie Seiltänzer.

In unseren höchsten Momenten von Dankbarkeit fällt uns der dreifache Mut zum Glauben leicht. Dann entsteht er ganz natürlich, denn in jenen Augenblicken antworten wir von ganzem Herzen auf das Leben als Ganzes. Finde ich mein Herz, dann finde ich auch den Mut, ich selbst zu sein, denn mein Herz ist mein wirkliches Selbst. Und dieses wahre Selbst ist sowohl einzigartig als auch allumfassend. Und so – finde ich mein Herz – finde ich auch den Mut mich preiszugeben, denn das Herz ist der Punkt der Begegnung mit dem Selbst, mit anderen, mit Gott. Gott sieht das Herz, und nur mit den Augen des Herzens sehe ich Gott. Finde ich aber mein Herz, den Schwerpunkt meines Gleichgewichts, dann finde ich auch den Mut zu gehen, zu wandeln. Die weise Torheit, die aus dem Herzen stammt, ist die anmutige Ausgelassenheit des Tänzers.

Jener ursprüngliche Herzensmut, den wir aus Momenten aufrichtiger Dankbarkeit kennen, kommt vollendetem Glauben im biblischen Sinne näher, als wir erhofft hätten. Es ist jedoch eine Sache, jenen Glauben in einem enthusiastischen Augenblick zu erleben, eine ganz andere aber, unseren Mut im Wellengang des täglichen Lebens »seetüchtig« zu erhalten. Dies ist der Punkt, an dem unsere Glaubensüberzeugungen ins Spiel kommen. Sie sollen helfen, unseren Glauben über Wasser zu halten, sollen unseren Mut erneuern. Bedauerlicherweise erfüllen unsere Überzeugungen diese Funktion häufig nicht. Anstatt unseren Glauben wieder aufzurichten, ziehen sie ihn oft in die Tiefe. Die Ursache dafür ist Angst.

Glaube ist Vertrauen und Mut. Sein Gegenteil ist Furchtsamkeit, ungesunde Furcht, Angst. Was, glaubst du, ist das in der Bibel am häufigsten wiederholte Gebot? Denk scharf nach. Es ist dies: »Fürchte dich nicht! – Hab keine Angst!« Wenn es der Mut zum Glauben ist, der uns vollkommen macht, dann ist das, wovon wir uns am dringendsten befreien müssen, die Angst. Der Glaube macht sich mutig auf den Weg ins Gelobte Land, Furcht aber klammert sich an alles, was sie fassen kann und hält uns zurück. Glauben ist der Mut loszulassen. Furcht hält fest.

Es kann etwas Gesundes an diesem Festhalten sein. Ärzte und Hebammen testen manchmal ein neugeborenes Baby durch ein lautes Geräusch oder durch Erschütterung des Tisches, auf dem es liegt. Ein gesundes Baby greift dann in seiner Furcht mit Armen und Beinen instinktiv nach seiner Mutter. Dabei handelt es sich um einen uralten Reflex. Er geht in unserer phylogenetischen Geschichte zurück auf eine Zeit, da wir noch auf Bäumen lebten und uns als Neugeborene an unsere Mütter anklammern mußten, die von Baum zu Baum sprangen.

Da unser Instinkt, uns anzuklammern, wenn wir uns fürchten, so alt ist, ist er tief in uns verwurzelt. Als Neugeborene greifen wir nach der Mutter; später hängen wir uns an ihre Schürze, und selbst als Erwachsene müssen wir feststellen, daß wir in Panik nach dem nächstbesten Ding greifen, das wir zu fassen bekommen, selbst wenn es sich dabei um einen völlig Fremden handeln sollte, der da neben uns steht. Dabei handelt es sich aber nur um den körperlichen Ausdruck eines psychologischen Klammerns. Im Augenblick, in dem wir Angst bekommen, greift auch unser Geist nach irgendetwas, das Stabilität verspricht, und klammert sich daran.

Das sagt uns auch etwas über die Beziehung zwischen Glaube und religiösen Überzeugungen. Wenn wir verzagen, wird unser Glaube schwach und unsere Angst immer größer. Ein ängstlicher Geist aber greift in Panik nach der nächstbesten Stütze. Religiöse Überzeugungen sind immer in Reichweite. Sie erscheinen uns stabiler als alles andere. Und so klammern wir uns umso fester an unsere Überzeugungen, je schwächer unser Glaube wird. Manchmal trifft man auf Leute, die in ihrem Bemühen, andere von ihren *Überzeugungen* zu überzeugen, dermaßen zwanghaft wirken, daß man sie unwillkürlich fragt, wie es wohl um ihren *Glauben* bestellt ist. Sie erinnern uns an Kinder, die aus Angst im Finstern pfeifen. Ein Mensch wirklichen Glaubens kann es sich leisten, wesentlich zwangsloser zu sein. Echter Glaube hält seine Überzeugungen mit Festigkeit, ja, aber ganz und gar nicht zwanghaft. So hielt auch Abraham, unser Vater im Glauben, an seinen Überzeugungen fest. Wir können das in Kapitel 22 der Genesis nachlesen. Welch eine wunderbar erzählte Geschichte ist jenes Kapitel, ganz unabhängig von der darin enthaltenen Botschaft! Gott ruft Abraham und gibt ihm einen Auftrag. Diesmal geht es nicht mehr nur darum, sich im Vertrauen darauf auf den Weg zu machen, daß Gott ihn zu gegebener Zeit schon über die Details aufklären wird. In diesem Fall wird der entscheidende Punkt so präzise dargestellt, daß es mich immer wieder schaudern läßt, wenn ich es lese. Gott befiehlt Abraham hinzugehen und seinen Sohn als »Brandopfer« darzubringen. Eine klare Botschaft. Es bleibt kein Raum für irgendwelche Unsicherheiten. Es gibt keinen Zweifel an der Identität des erwählten Opfers: »Nimm deinen Sohn.« (Zu jener Zeit hat Abraham zwei Söhne. Es bleibt also noch Raum für Zweifel.) »... deinen einzigen.« (Wenn es darum geht, ein Kind zu opfern, dann ist jenes Kind »das einzige« für die Eltern, ganz gleich wie viele andere sie noch haben.) »... den du lieb hast.« (Das schneidet ins Herz, aber noch bleibt ein Schimmer von Hoffnung, bis der Name heraus ist:) »... Isaak!« (Es muß Abraham wie mit einem Schwert getroffen haben.)

Diesmal wird Abrahams Glauben ein ganz spezifischer Inhalt gegeben. Diesmal verlangt der Glaube beides, sowohl das Glauben an *jemanden*, nämlich Gott, als auch das Glauben an *etwas*, an etwas beinahe Unglaubliches: Isaak muß geopfert werden. Abraham glaubt das. Und doch wurde ihm bereits von Gott versprochen, daß durch den gleichen Isaak seine Nachkommenschaft so zahlreich wie die Sandkörner am Meeresstrand, so zahlreich wie die Sterne am Himmel sein werden. Und Abraham glaubt auch das. Wäre Abrahams Glaube nicht mehr gewesen als die Summe seiner Überzeugungen, er wäre an den offensichtlichen Widersprüchen zugrundegegangen. Sein Glaube aber war einfaches Vertrauen in Gott, der auch einfach ist. Alle Widersprüche versanken in der unauslotbaren Einfachheit jenes Glaubens. Und so fand er Hilfe in seinem Glauben daran, daß Gott ihm durch Isaak eine reiche Nachkommenschaft zukommen lassen würde, während er zugleich ohne Anklammern an seinem Glauben festhielt, daß derselbe Isaak zum Opfer verurteilt war. Sein einfacher Glaube gab ihm Mut genug, an beiden Überzeugungen festzuhalten, und Vertrauen genug, sich nicht zwanghaft an sie zu klammern.

Und dann kommt jener erschreckende Dialog zwischen Abraham und Isaak bei ihrem Aufstieg zum Opferberg. Der Sohn trägt das Feuerholz für das Brandopfer. Der Vater trägt das Feuer und das Messer. »Und so gingen die beiden miteinander.« Selbst den Erzähler muß es im Hals gewürgt haben, denn er wiederholt: »So gingen sie miteinander.« Wer erinnert sich nicht an einen Bahnhof oder an ein Krankenzimmer, wo das ganze Leben an diesem »Zusammen«-sein zu hängen scheint, wenn der Moment der Trennung immer näher rückt? »So gingen sie miteinander.« Der alte Mann schweigt. Was hätte er auch sagen können? Aber der Junge fängt an zu sprechen: »Vater!« »Mein Sohn?« Und dann fragt er Abraham, nicht nach seinem Glauben, sondern nach dem Inhalt seines Glaubens; nicht nach seinem Vertrauen auf Gott, sondern nach seinen Überzeugungen; nach etwas, das Gott zu erschüttern droht. Abrahams Glaube wird durch seine Überzeugungen auf die Probe gestellt. Dies ist ein entscheidender Augenblick in der Geschichte des Glaubens.

Wie jeder wache Junge es getan hätte, macht Isaak seinen Vater auf etwas aufmerksam: »Schau, da ist das Feuer und das Holz; wo aber ist das Lamm zum Brandopfer?« Es gibt für Abraham keinen Ausweg mehr. Jetzt muß er seinen Glauben beweisen, indem er das bekennt, wovon er überzeugt ist. Der Sohn war klug genug, zu zögern und das Messer in Abrahams Hand nicht zu erwähnen. Wird Abraham mutig genug sein, *nicht* zu zögern und Isaak das klarzumachen, was Gott ihm gegenüber klar gemacht hatte? An dieser entscheidenden Stelle wächst unser Vater im Glauben zu seiner ganzen Größe heran: »Gott wird schon für ein Lamm zum Brandopfer sorgen, mein Sohn.« Es ist, als würde Abraham denken: »Soweit ich sehen kann, hat Gott keinen Zweifel daran gelassen, wer das Lamm sein wird. Aber ich vertraue darauf, daß da unendlich viel mehr in Gottes Botschaft verborgen ist, als ich verstanden habe.« Abrahams Glaube ist so stark, daß er sich nicht an seine Überzeugungen klammern muß. Sein Vertrauen in Gott ist stärker als sein eigenes Verständnis von Gottes Wort. Im Glauben erhebt er seine Augen über den Horizont seiner Überzeugungen.

»Als Abraham seine Augen erhob.« Das ist das Schlüsselwort. Er hält fest an seinen Überzeugungen. Er handelt nach ihnen. Aber er läßt es nicht zu, daß seine Überzeugungen zu Ballast werden und seinen Glauben heranziehen. Er erhebt seine Augen.

Die Geschichte beschreibt, wie Abraham Isaak bindet, ihn auf den Altar legt und die Hand mit dem Messer schon aufhebt, um seinen Sohn zu töten. All das mußte Schritt für Schritt ausgeführt werden, um zu beweisen: Abraham verließ sich auf Gottes Wort; er glaubte. Das heißt aber, daß er sich nicht an seine Überzeugungen klammert; er hatte Glauben. Aus Überzeugung greift er nach dem Messer, aber im Glauben hebt er seine Augen auf. »Da hob Abraham seine Augen auf und sah einen Widder hinter sich in der Hecke mit seinen Hörnern hangen und ging hin und nahm den Widder und opferte ihn zum Brandopfer an seines Sohnes Statt.«

Was heißt hier »an Statt«? Es hat eine doppelte Bedeutung. Oberflächlich betrachtet heißt es, daß der Widder geopfert wurde und nicht Isaak. In tieferer Sicht aber wurde Isaak geopfert und der Widder ist ein Sinnbild dafür. In diesem Sinne opferte Abraham eben doch seinen Sohn. Müssen wir nicht annehmen, daß er das Opfer in seinem Herzen bereits gebracht hatte, als er die Hand mit dem Messer erhob? Was Abraham glaubte, erfüllte sich also, aber auf unglaubliche Weise. Nur tiefer Glaube kann sich so hoch aufschwingen, ein Glaube, der nicht in Überzeugungen steckenbleibt, sondern grenzenloses Vertrauen hat.

Abrahams Glaube, sein Gottvertrauen konnte sogar Überzeugungen umspannen, die einander im Bereich der Logik widersprachen. »Er hob die Augen auf«, richtete den Blick seines Herzens auf eine höhere Ebene, die Ebene gläubigen Vertrauens. Er verließ sich auf Gottes Verläßlichkeit, und sein Herz »vertraute, daß Gott Macht hat, selbst vom Tode zu erwecken«, wie der Hebräerbrief (11,19) dann später diese Geschichte auslegte. Darum konnte Abraham schon vor dem Aufstieg auf den Berg zu seinen Knechten sagen: »Dann kehren wir (wir beide!) zu euch zurück.« Er konnte das in festem Glauben sagen. Denn am dritten Tag der Reise (dem Tage der Auferstehung), so wird berichtet, hatte Abraham bereits »seine Augen erhoben« und den Opferplatz aus der Ferne gesehen.

Vielleicht haben wir uns bei dieser Geschichte etwas zu lange aufgehalten. Sie gefällt mir nämlich so gut. Das Entscheidende aber sind die Einblicke, die wir hier gewinnen in die Beziehung zwischen Glaube und Überzeugung. Unsere schöne Geschichte läßt uns den Vorrang erkennen, der dem Glauben als Mut und Vertrauen gegenüber dem Glauben im Sinne von Überzeugungen zukommt. Verwechseln wir hier die Prioritäten, dann können unsere Überzeugungen selbst unserem Glauben im Wege stehen. Machen wir diesen Fehler nicht, dann haben wir Zugang zum Kern der Angelegenheit gefunden: Das Herz des Glaubens ist der Glaube des Herzens.

Der Glaube des Herzens ist jene ursprüngliche Gläubigkeit, die wir alle auf Höhepunkten von Lebendigkeit erfahren haben. Und wie erleben wir da den Glauben? Als einfaches Vertrauen, als tiefe Zuversicht: als Zuversicht darauf, daß wir uns auf das

Leben verlassen können, ohne fallengelassen zu werden. In Augenblicken, in denen wir wirklich aus unserem Herzen leben, sind wir mit dem Herzen aller Dinge verbunden. Ganz spontan erkennen wir dann »die Zuverlässigkeit im Herzen aller Dinge«, wie Reinhold Niebuhr es so schön sagte. Ausgesprochen oder unausgesprochen liegt dieser Glaube an der Wurzel all unserer Überzeugungen. Er dient auch als Prüfstein unserer Überzeugungen. Sind sie echt, so drücken sie jene gläubige Grundüberzeugung aus und erinnern uns immer wieder an sie. Überzeugungen können niemals die Erfahrung lebendigen Glaubens ersetzen, aber sie können uns helfen, ihn am Leben zu halten.

Solange unser Vertrauen groß ist, wird unser Glaube klare Überzeugungen wie flatternde Fahnen im Wind hochhalten. Mutiger Glaube ist frei. Solange wir in wahrer Freiheit des Glaubens an unseren Überzeugungen festhalten, anstatt von ihnen festgehalten zu werden, können sie uns helfen. Wenn unser Vertrauen zu wanken beginnt, dann können wir unseren schwächer werdenden Glauben noch dadurch hochhalten, daß wir unsere Augen zu jenen Fahnen unserer Überzeugung erheben und uns von ihnen neuen Mut geben lassen. Wenn aber unser Vertrauen auf »die Zuverlässigkeit im Herzen aller Dinge« zusammenbricht, dann werden Überzeugungen zum Ersatz für den Glauben: ein Museum alter Fahnen, entleerte Glaubensartikel, an die wir uns klammern.

»Zuverlässigkeit im Herzen aller Dinge« ist eine Erfahrungstatsache. Lebendiger, mutiger Glaube ist unsere spontane Antwort auf diese Erfahrung. Irgendwann einmal haben wir einen zeitlosen Augenblick lang an diese felsenfeste Wirklichkeit gerührt. Das ist genug, um ein für alle Mal zu wissen, daß wir uns darauf verlassen können: Wir haben nicht auf Sand gebaut. Wieviel Mut uns diese Erfahrung doch gibt, so oft wir uns daran erinnern! Aber selbst unter unserer Vergeßlichkeit begraben bleibt diese Erinnerung lebendig, wie tief unter der Asche begrabene Glut. Könnten wir wirklich weiterleben, ohne irgendwo tief in uns den Glauben zu bewahren, daß wir uns auf das Leben verlassen können? Wenn wir uns verlassen – uns selbst, unser kleines ängstliches Selbst zurücklassen –, dann trägt uns das große Leben und wir wissen: das Leben ist verläßlich. Ohne im Grund unseres Herzens jener Einsicht ja doch zu vertrauen, würden wir es gar nicht wagen, diese Wahrheit infragezustellen oder sie sogar zeitweise zu verleugnen. Im gegebenen Moment war es uns geschenkt, die Zuverlässigkeit des Lebens einzusehen, und der Glaube an jene Einsicht läßt uns weitermachen.

Manche nennen den Urgrund aller Zuverlässigkeit Gott, andere nicht. Alle aber glauben daran. Der Beweis: wir leben weiter. Ohne jedes Urvertrauen, das der Glaube aller Menschen ist, könnte keiner von uns weiterleben. Dieser Glaube ist ein Aspekt dankbarer Lebendigkeit; er ist der Mut zur Dankbarkeit.

Was hat Dankbarkeit mit Mut zu tun? Mag sein, daß wir auf den ersten Blick keinen Zusammenhang erkennen können. Beim näheren Hinschauen aber wird klar, daß es Vertrauen verlangt, »Danke« zu sagen und es auch zu meinen. Ein einfaches Beispiel: Ein Freund reicht dir ein verpacktes Geschenk, und du sagst: »Danke«. Vielleicht meinst du, du habest deine Wertschätzung des Geschenks ausgedrückt. Aber warte! Du hast doch noch nicht einmal nachgeschaut, was sich in der Verpackung verbirgt. Wie also könntest du deine Wertschätzung ausdrücken? Was dein Dank wirklich ausdrückt, ist Vertrauen in deinen Freund. Ein dankbarer Mensch wird »Danke« sagen, bevor er das Geschenk auspackst. Wenn du deinen Dank erst ausdrückst, nachdem du dir das Geschenk angeschaut hast, dann ist das vielleicht klug, aber niemand wird dich dankbar nennen. Echte Dankbarkeit ist der Mut, für ein Geschenk zu danken, bevor man es ausgewickelt hat.

Nun setzt es wohl keinen allzu großen Mut voraus, jenem Freund mit der schön verpackten Schachtel zu vertrauen. Es stimmt zwar, sie hat gerade die richtige Größe, um eine mittelgroße Zeitbombe zu enthalten. Wer aber würde schon an diese Möglichkeit denken? Wenn dich aber das Leben beschenkt, dann ist das eine andere Angelegenheit. Gott hat so seine Art, Zeitbomben hübsch zu verpacken. Das wissen wir aus eigener Erfahrung. Dann reicht uns das Leben wieder einmal so ein Päckchen. Jetzt »Danke« zu sagen und es wirklich zu meinen, das verlangt schon Mut. Du denkst: »Aufgepaßt! Das ist schon wieder so ein Geschenkchen. Es könnte mich den Kopf kosten.« Aber dann sagst du dir: »Und wenn schon; ich vertraue, daß ich immer das bekomme, was ich brauche.« Das ist mutiges Vertrauen! Es ist jenes Vertrauen, in dem Glaube und Dankbarkeit sich begegnen.

Haben wir einmal entdeckt, daß der Mut zum Dankbarsein und der Mut zum Glauben ein und dasselbe Herzensvertrauen ausdrückt, dann sehen wir auch, daß man im Glauben wächst im selben Maße, in dem man dankbar wird. Und jetzt können wir auch leichter jene Frage angehen, mit der wir dieses Kapitel begannen: Wie können wir lernen, dankbar zu leben? Indem wir lernen, im Glauben zu wachsen. Von dankbarem Leben zu sprechen klingt zwar weniger abstrakt, als vom Glauben zu reden. Dankbares Leben ist jedoch ein nur vage abgestecktes Gebiet. Was uns aber die Tradition über Wachstum im Glauben lehrt, bietet uns die Art von Landkarte, die wir benötigen. Fortschritt im Glauben ist etwas, das Schritt für Schritt auf jener Karte verzeichnet wurde. Unser Weg ist schwierig genug. Es ist sinnvoll, jede Hilfe in Anspruch zu nehmen, die uns die Tradition zu bieten hat.

Wir haben die Markierungslinie zwischen Glauben und Überzeugungen klar genug gezogen, um zu wissen, daß im Glauben wachsen nicht Überzeugungen ansammeln heißt. Es heißt vielmehr, in vertrauendem Glauben unter immer schwierigen Bedingungen durchzuhalten. Das wird schwer, wenn die Verläßlichkeit, auf die der Glaube die Antwort ist, immer weniger offensichtlich wird. Am Ende sollten wir in der Lage sein, auf jene »Zuverlässigkeit im Herzen aller Dinge« zu vertrauen, selbst wenn wir sie überhaupt nicht erkennen können. In diesem Sinne, und nur in diesem Sinne dürfen wir von blindem Vertrauen sprechen. Das aber bedeutet, daß blindes Vertrauen besonders klar sieht. Blindes Vertrauen sieht nichts und kann trotz allem richtig behaupten: »Ja, klar!« Was ist klar? Nichts. Nichts Greifbares, aber der Sinn von allem, vor allem: die Zuverlässigkeit im Herzen aller Dinge.

Hinaufzuschauen zu jenen Höhen des Glaubens könnte uns

den Mut nehmen, bevor wir überhaupt angefangen haben. Aber unser Aufstieg beginnt im Tal. Das erinnert mich ans Bergsteigen in den Alpen, wo ich aufwuchs. Meist machten wir uns an einem frühen Sommermorgen auf den Weg. Und dort vor uns lagen schneebedeckt, im ersten rosigen Licht des Sonnenaufgangs, jene eisigen Gipfel und Hänge, die unser Ziel waren. Um uns herum aber war üppiges Weideland, von dem die Butterblümchen uns im Frühwind zunickten. Unsere Glaubensreise beginnt in leichtem Gelände. Und das ist auch gut so. Der Aufstieg ist schwierig genug. Warum sollten wir nicht dort beginnen, wo es leicht ist?

Aufstieg im Glauben ist Aufstieg im Gebet. Jedesmal, wenn wir einen Schritt weitergehen, jedesmal, wenn wir die innere Gebärde des Vertrauens erneuern, dann verlassen wir uns gläubig und rühren so an jene Quelle von Zuverlässigkeit, die uns Kraft gibt weiterzumachen. Von jener Quelle zu trinken heißt beten: das Gebet des Glaubens. Ein anderer Name dafür ist »Vom Worte Gottes leben«.

Wenn die Bibel davon spricht, »vom Worte Gottes zu leben«, dann bedeutet das mehr als dem Worte Gottes zu gehorchen. Dies ist bloß der moralische Aspekt dieses großen biblischen Gedankens. Der religiöse Aspekt (wie immer in Gefahr, vom moralischen verschluckt zu werden) ist unendlich viel wichtiger. »Vom Worte Gottes leben« bedeutet, sich von dem Wort zu nähren, jenes Wort zu essen, zu trinken und in sich aufzunehmen. Das »vom Worte Gottes leben« ist in der Bibel gewöhnlich durch das Bild von Speise und Trank ausgedrückt. In der deutschen Sprache kennen wir ähnliche Ausdrücke. Wenn jemand voll konzentriert jedes Wort einer Geschichte verfolgt, dann sagen wir: »Sie sog alles in sich auf«. Da haben wir das Trinken. Oder wir sagen etwa von einem Buch: »Ich habe es in einer Nacht verschlungen.« Dieses Bild vom Essen eines Buches ist auch ein biblisches. Tatsächlich kommt es sowohl im Alten wie im Neuen Testament vor (Hesekiel 3,1; Offenbarung 10,10).

Die Idee dahinter ist eine der tiefsten Einsichten der Bibel: Gott spricht. Was bedeutet das? Natürlich ist das bildhaft gesprochen. Aber welche Erfahrung steht hinter der Idee, daß

Gott spricht? Es ist die Erfahrung, mit unserem Herzen zu hören. Es gibt aber einen Aspekt jener Erfahrung, der nur allzu leicht übersehen wird. Horchen wir wirklich mit dem Herzen, dann hören wir nicht bloß etwas, das irgendwo »dort draußen« stattfindet, unabhängig von uns. Nein. Wir stellen fest, daß wir selbst angesprochen sind. Was immer »dort draußen« ist, betrifft uns, weil es auf mysteriöse Weise »an uns gerichtet« ist. Dies ist nur eine andere Art und Weise, vorsichtig tastend über die Zuverlässigkeit im Herzen aller Dinge zu sprechen. Wenn wir, wie die Bibel, diese letzte Zuverlässigkeit Gottes nennen, dann lautet die prägnanteste Formulierung: Gott spricht.

Gott aber ist zu einfach, um mehr als ein einziges Wort zu sprechen. Alles, was Gott spricht, ist – so könnte man sagen – in dem einen ewigen Wort der Zuverlässigkeit enthalten. Dieses eine Wort jedoch ist so unerschöpflich bedeutungsschwanger, daß alles was es gibt, niemals ausreicht, es erschöpfend auszusprechen. Es ist wie bei Liebenden. Alles, was sie einander letztlich zu sagen haben, ist: »Ich liebe dich.« Das aber will wiederholt werden. Kein Liebender wird jemals sagen: »Also, ich liebe dich. Habe ich dir das nicht vor Jahren ein für alle Mal gesagt? Möchtest du das wirklich noch einmal hören?« Ja, wir wollen das immer wieder hören. Und die Liebenden werden ihre Treue immer wieder nicht nur in Worten, sondern in Geschenken, in Blumen, in Liedern, in Briefen, in Küssen, auf tausenderlei verschiedene Weise ein Leben lang zum Ausdruck bringen. Ganz ähnlich will Gottes Treue sich in immer neuen Formen schöpferisch entfalten. Alles Erschaffene hat keinen anderen Sinn, als diese Botschaft von Gottes Zuverlässigkeit zu vermitteln. Im Glauben kann das Herz dieses Geheimnis intuitiv erfassen.

Gottes Botschaft ist immer die gleiche. Aber die Sprachen, in denen das ewige Wort ausgedrückt wird, sind unendlich vielfältig. Vielleicht hörst du die Botschaft in einem Apfelgarten, der in voller Blüte steht. Doch die gleiche Botschaft spricht sich auch in einem Waldbrand aus. Der Unterschied kann erschreckend sein, aber das gleiche Wort immer wieder in neuen Sprachen zu hören, macht aus dem Leben ein herrliches Spiel, ein göttliches Wortspiel. Das auf der Wiese spielende Pferd spricht Gottes Wort aus, die auf meinem Schoß schlafende Katze tut dasselbe, nur anders. Alles und jedes ist einzigartig und unübertragbar. Gedichte können nicht übersetzt werden; im besten Fall kann man sich ihnen in einer anderen Sprache annähern. In einem Gedicht zählt die Sprache so sehr wie die Botschaft. Gott ist Dichter. Wenn wir wissen wollen, was Gott in einer Tomate sagt, dann müssen wir uns eine Tomate anschauen, sie fühlen, riechen, in sie hineinbeißen, den Saft und die Samen über uns spritzen lassen, wenn sie platzt. Wir müssen sie auskosten und dieses Tomatengedicht in unser Herz aufnehmen. Was aber Gott zu sagen hat, kann in Tomatensprache nicht erschöpfend zum Ausdruck gebracht werden. Also gibt uns Gott auch Zitronen und spricht auf zitronesisch. »Vom Wort Gottes leben« bedeutet, ein Leben lang Gottes Sprachen eine nach der anderen zu erlernen.

Dies ist die erste, leichteste Form, in der unser Glaube betet, die freudenreichen Geheimnisse im Fortschreiten des Glaubens. Noch befinden wir uns auf der Ebene bei unserem Aufstieg, der uns jetzt durch kaum ansteigende Wiesen führt. Und doch verlangt auch dieses Stadium Mut. Man schaue sich Hänschens Gesicht an, wenn er zum ersten Mal in die Tomate beißt. Stück für Stück kann man in seinem Gesicht den Kampf zwischen Furchtsamkeit und Wagemut bei der Erforschung unbekannten Territoriums ablesen. Vom ersten Atemzug an bedeutet jede neue Begegnung mit der Welt, daß wir uns auf die Zuverlässigkeit im Herzen aller Dinge verlassen müssen. Und das verlangt Mut.

Gleichgültig wie verborgen oder implizit dieses Weltvertrauen auch sein mag, es ist der Beweis ursprünglicher Gläubigkeit. Es ist der Anfang eines reichen, vollen Glaubens. Und ganz gleich, wie schwach jener Glaube noch sein mag, er wird mit jedem Schritt wachsen. Der Biß in deine erste Tomate verlangte Mut, aber jener Mut wurde belohnt. Ohne Wagemut gibt es kein Abenteuer. Das Abenteuer aber wird der Lohn für unseren Wagemut. Die uralte Treue im Herzen aller Dinge ist immer aufs Neue eine Überraschung. Und jedesmal, wenn wir uns erneut auf sie verlassen, stärkt diese Verläßlichkeit unseren Glauben.

Darin besteht das Gebet des Glaubens: am festlich gedeckten Tisch dieser Welt vom Worte Gottes zu leben.

Das Festmahl des Lebens erwartet von uns, daß wir unseren Geschmack verfeinern. Zuerst schmeckt uns allen nur das, was wir kennen. Das Leben fordert uns aber auf, Neues zu kosten und unseren Geschmack zu entwickeln. Bei diesem Lernprozeß scheitern einige von uns bereits an den einfachsten Übungen. Nehmen wir beispielsweise das Wetter. Mit jedem Wetterwechsel erwartet uns ein neues Abenteuer, jede neue Jahreszeit hat ihre eigenen Rezepte, um uns neue Überraschungen zu servieren. Und wir? Natürlich dürfen wir unsere Vorzüge und Lieblingsgerichte haben. Was aber, wenn uns etwas gar nicht schmeckt? »Koste und erkenne, wie gut der Herr ist«, ruft uns der Psalmist zu. Um dies erkennen zu können, muß ich es zuerst wagen zu kosten. Ich muß auch in den sauren Apfel beißen. Jedes Erkennen ist Lohn für den Mut zu kosten. Uns an einem Frühlingsmorgen dem Wind vom Meer hinzugeben ist leicht; mehr Mut verlangt es schon, in den feuchten Nebel eines Wintermorgens hinauszutreten. Doch wenn wir uns dem nicht aussetzen, wie sollen wir dann je die einzigartige Stimmung kennenlernen, die nur der Nebel unserem Herzen vermitteln kann, wenn er Bäume mit tropfenden Zweigen und Menschen in Regenmänteln mit tropfenden Nasen verbirgt und wieder zum Vorschein bringt, sie einhüllt und wieder zeigt. Wieviel Leben geht uns verloren, wenn wir nicht jede Art Wetter auf die ihm eigene Weise genießen können?

Wie können wir erwarten, das Leben in seiner ganzen Fülle zu finden, wenn wir nicht lernen, »von *jedem* Wort zu leben, das aus Gottes Mund kommt«? Das ist eine entscheidende Evangelienstelle – entscheidend für alle, die ein Leben in Fülle suchen, entscheidend für alle, die lernen wollen, dankbar zu leben. Was will ich denn? Mir selber das Wort Gottes auswählen, von dem ich leben will? Weiß ich wirklich so gut, was für mich das Beste ist? Oder vertraue ich darauf, daß Gott es besser weiß. Wird Gott nicht das Wort sprechen, das ich brauche, selbst wenn ich es vielleicht gerade jetzt nicht hören möchte? Dankbarer Glaube vertraut auf den Geber und findet deshalb den Mut zu sagen:

»Ich kann von jedem Wort leben, das aus dem Munde Gottes kommt.«

Unser Zitat stammt aus dem Evangelienbericht über die Versuchung Jesu. Jesus hat gerade vierzig Tage und Nächte in der Wüste verbracht und die vierzig Jahre von Israels Wüstenwanderung nacherlebt. Er hat gerade gefastet, eine Geste totalen Gottvertrauens. Israel vertraute auf Gott, und Gott sorgte für Manna, Brot vom Himmel in der Wüste. Jesus aber ist hungrig, und Gott bietet Ihm nichts als Steine. Welcher Vater wird seinen hungrigen Kindern Steine geben, wenn sie um Brot bitten? Wenn Gott mit der Zärtlichkeit eines Vaters für Israel sorgte, warum dann nicht für diesen Israeliten, der Gott mit so tiefem Vertrauen als »Abba«, als Vater anruft? Wenn Er wirklich Gottes Sohn ist, wird Er dann nicht alles erhalten, worum Er bittet? Ein verführerischer Gedanke. Jesus aber kehrt den Gedanken um: Meinen Glauben beweise ich nicht, indem ich um das bitte, was ich brauche, sondern indem ich darauf vertraue, daß ich brauche, was ich erhalte. Gott weiß es besser. Wenn Gott »Steine« sagt, dann werde ich nicht darauf bestehen, daß das Wort »Brot« heißen soll. Ich kann von *jedem* Wort leben...

Aber kann ich das wirklich? Hier wird es schwierig. Jetzt haben wir die Wiesen verlassen, und der Aufstieg wird steil. Dies sind nicht länger Übungen für Anfänger im Glauben. Hier geht es um Leben oder Tod. Das biblische Bild macht das klar. Brot steht für Leben, Steine für den Tod. Jesus vertraut darauf, daß jedes Wort Gottes lebensspendend ist. Wenn der Sohn im Angesicht von Steinen behauptet, er könne von jedem Wort des Vaters leben, dann heißt das: Ich kann selbst im Sterben leben.

Das gleiche Thema wird an einer anderen Evangelienstelle wieder aufgegriffen, bei Jesu Seelenkampf im Garten Gethsemane. Wir können auch dieses Erlebnis am Ölberg einen Bericht der Versuchung Jesu nennen. In beiden Berichten ist »vom Worte Gottes leben« der entscheidende Punkt. In beiden Fällen bedeutet das Wort, das Gott spricht, Tod. Steine sind alles, was der Vater in der Wüste anbietet, nicht Brot; im Garten ist es der Kelch, ein Symbol für das Todesurteil. Diesmal ist es für Jesus ein harter Kampf: »Vater, wenn es möglich ist, so laß diesen

Kelch an mir vorübergehen; doch nicht wie ich will, sondern wie du willst.« Dies ist das Gebet des Glaubens in seinen schmerzensreichen Geheimnissen. Mit Blutschweiß und Tränen kämpft sich Jesus zu einem Glauben durch, der selbst am Rande des Todes auf Gottes Treue vertraut.

Früher oder später muß jeder von uns diese Ebene des Glaubens erreichen. Vielleicht bereitet Gott uns noch vor auf jenen steilen Teil des Anstiegs. Anfangs ist das »vom Worte Gottes leben« reinste Freude: Gott gibt uns nicht nur Brot, sondern sozusagen Rosinenbrot zu essen. Und lange Zeit wird auf diese Weise unser Vertrauen gefestigt. Früher oder später aber kommt der Moment, wenn wir in jenes Rosinenbrot hineinbeißen, und das, was wir für eine Rosine hielten, stellt sich als kleiner Kieselstein heraus. Das ist ein ganz entscheidender Moment, in dem unser Glaube geprüft wird. Wie werde ich reagieren? Werde ich protestieren und sagen, daß ich von Steinen nicht leben kann? Oder ist mein Glaube mittlerweile stark genug, um jetzt, nach langer Meditation über die freudenreichen Geheimnisse zu den schmerzensreichen fortschreiten zu können? Wenn Gott zum erstenmal »Steine« sagt, obwohl ich »Brot« zu hören erwarte, kann ich dann im festen Glauben sagen: »Ich kann von *jedem* Wort leben, das aus dem Munde Gottes kommt?«

Die meisten von uns sind bereits auf diese Weise geprüft worden. Ein unerwarteter Schicksalsschlag, eine scheinbar unmögliche Aufgabe, die sich vor uns auftürmt, der Verlust eines Freundes – ein Wort, das Tod bedeutet. »Das bringt mich noch um«, sagen wir. Und wir haben recht damit. Zumindest wird es einen Teil von uns umbringen. Aber was zählt, ist unsere Antwort auf dieses Wort. Aus Erfahrung wissen wir, daß wir in einer solchen Lage oft aus Furchtsamkeit aufgeben und unser Leben dadurch schwächen. Aber wir wissen auch, daß wir uns im Glauben darauf einlassen und »die Zähne zusammenbeißen können«, ja, selbst wenn sich Steine dazwischen befinden. Es kann uns immer noch umbringen, aber wir werden aus dieser Erfahrung lebendiger hervorgehen. Das »vom Worte leben« ist der Mut, »alles in sich aufzunehmen«. Schaffen wir das, während es uns umbringt, dann ist der Tod »verschlungen«, wie der heilige Paulus sich ausdrückt. »Der Tod ist verschlungen im Sieg!« – durch den Glauben (Korinther 15,55).

Niemand kann sagen, wie oft wir im Verlauf eines Lebens diesen Prozeß schöpferischen Sterbens durchlaufen müssen. (Je schöpferischer wir leben, desto häufiger werden wir wohl sterben müssen.) Eines aber ist gewiß: am Ende bleibt niemandem dieser Gang erspart. Eine überwältigende Vielzahl von Gerichten ist für die Festtafel des Lebens angerichtet. Jeder von uns bekommt eine andere Auswahl aufgetischt. Der letzte Gang jedoch ist für uns alle der gleiche: ein einziger großer Stein. »Ich bitte um Entschuldigung«, sagt unser Gastgeber, »aber jetzt ist es Zeit zu sterben.« Werden wir dann soweit sein, »den Tod zu verschlingen?« Wenn ja, dann wird es ein Sterben in die Fülle des Lebens hinein. Wir wissen das. Wir wissen es nicht deshalb, weil es uns irgendjemand versprochen hat, sondern weil wir es auf die eine oder andere Weise selbst erlebt haben. Unsere Teilerfahrungen des Sterbens bereiten uns darauf vor, Ähnliches in unserem Tod zu erfahren. Wir lernen, daß der Glaube die Kraft ist, in eine größere Lebendigkeit hineinzusterben, so oft wir sagen müssen: »das bringt mich um.« Und so beginnen wir zu vermuten, daß ganz und gar umgebracht zu werden voll und ganz lebendig zu werden bedeutet. Wie? Das wissen wir nicht. Wüßten wir es, dann bliebe kein Raum für Glauben. Aber wir wissen, was wir wissen müssen: Der Glaube findet in jedem Worte Gottes Leben, selbst wenn das Wort Tod bedeutet.

Jede schöpferische Todeserfahrung, so klein sie auch sein mag, lehrt uns, uns zur dritten Ebene unseres Aufstiegs im Glauben zu erheben: zu den glorreichen Geheimnissen des »vom Worte Gottes leben.« Jetzt befinden wir uns inmitten der schneebedeckten Gipfel, die von unten so furchterregend aussahen. Und in gewisser Weise sind sie jetzt sogar noch furchterregender. Aber der Mut ist nun stark genug, all das zu genießen. Es gibt dort kein Vogellied mehr. Es gibt dort keine Blumen. Nur den Himmel (blau, fast schwarz gegen die vereisten Gipfel), Stille und die unerbittliche Sonne. Aber es ist reine Ekstase.

Ich möchte versuchen, andere Bilder für das heranzuziehen,

was ich den Anstieg des Glaubens nenne. Eine Jugendfreundschaft beginnt mit den freudenreichen Geheimnissen. Je tiefer wir sie erforschen, desto breiter wird die Basis für das, was zu einer lebenslangen Liebe werden kann. Tag für Tag trinken wir mit neuer Freude einander von den Lippen, baden wir in den Augen des anderen. Früher oder später aber führt Freundschaft zu den schmerzensreichen Geheimnissen. Es gibt kein Wachsen ohne das Sterben dessen, dem wir entwachsen. Und selbst die engsten Freunde wachsen nicht immer im gleichen Tempo. Wenn wir den Mut haben, einander loszulassen, dann wird die Todeserfahrung schöpferisch. Bleibe ich treu (nicht notwendigerweise mein Partner, sondern ich), dann werden wir einander auf einer Ebene wiederfinden, die wir uns nie hätten vorstellen können. Und jedesmal, wenn wir durch diese Art Tod hindurchgehen, dann gelingt es uns, einen Blick auf die glorreichen Geheimnisse zu werfen, die noch vor uns liegen. Hätte uns in den ersten Tagen unserer Freundschaft eine Zeitmaschine das Gesicht des anderen ein halbes Jahrhundert später gezeigt, dann hätten wir kaum den Mut zum Weitermachen aufgebracht. Jetzt aber sehen wir in das alte Gesicht und entdecken eine Schönheit, die erregender ist, als an dem Tag, an dem wir uns zum ersten Mal begegnen.

Am Ende streift das Leben die letzten Überreste der Hülse vom Kern der Zuverlässigkeit im Herzen aller Dinge. Zuerst aber und auf lange Zeit brauchen wir jene Hülse. Solange sie grün ist, ist es die Hülse, die uns anzieht. Doch die ganze Zeit lang nährt sich unser Glaube am Kern und wird so langsam stark genug, um ohne die Hülse auszukommen. Langsam lernen wir im Leben Sinn zu finden, und jener Sinn geht weit über das hinaus, was unsere Sinne erfassen können. Ich rede hier nicht von abstrakten Konzepten. Das Leben fängt einfach an, dem Herzen sinnvoll zu erscheinen. Herzenssinnvoll. Und das geschieht durch den Glauben. Wie aber sollte unser Glaube jemals stark werden, wenn wir nicht mit den freudenreichen Geheimnissen beginnen und auf eine Weise vom Worte Gottes leben, die reine Wonne ist? Jeder andere Anfang führt sehr wahrscheinlich zur Verkümmerung.

Selbst Menschen, die sich für ernsthafte Sucher halten, enden häufig in einem traurig verkümmerten Leben. Obwohl man nicht ernsthaft genug bei seiner Suche sein kann, so kann man doch auf falsche Weise ernsthaft sein. Und es gibt nichts ernsthafteres als das Spiel. Kinder wissen das. Und auch das Kind in uns vergißt das nie. Man kann Verdrießlichkeit von echter Ernsthaftigkeit am Fehlen des Spielerischen unterscheiden. Auf ernsthafte Weise zu suchen heißt, spielerisch zu suchen. Und die freudenreichen Geheimnisse im Leben lehren uns diese spielerische Weise. Der bei weitem umfangreichste Teil der Übungen im Glauben besteht darin, Gottes Spiele zu erlernen. Bestehen wir darauf, daß Gott ernsthafter sein sollte, dann entgeht uns die Freude. Dabei aber entgeht uns der entscheidende Punkt. (Der entscheidende Punkt? Nun, das ist jener Punkt im Herzen aller Dinge, wo der Kern der Zuverlässigkeit spielerisch versteckt ist.)

Martin Buber erzählt eine Geschichte, bei der es genau um diesen Punkt geht:

Rabbi Baruchs Enkel, der Knabe Jechiel, spielte einst mit einem anderen Knaben Verstecken. Er verbarg sich gut und wartete, daß ihn sein Gefährte suche. Als er lange gewartet hatte, kam er aus dem Versteck hervor; aber der andere war nirgends zu sehen. Nun merkte Jechiel, daß jener ihn von Anfang an nicht gesucht hatte. Darüber mußte er weinen, kam weinend in die Stube seines Großvaters gelaufen und beklagte sich über den bösen Spielgenossen. Da flossen Rabbi Baruch die Augen über, und er sagte: »So spricht auch Gott: ›Ich verberge mich, aber keiner will mich suchen.‹«

Wenn unsere Ernsthaftigkeit eine spielerische Ernsthaftigkeit ist, dann wird ein Großteil unseres Lebens ein Kinderspiel sein, eine Freude nach der anderen. Sobald das Kind in uns das Spiel erlernt hat, werden wir auch dann den entscheidenden Punkt zu entdecken vermögen, wenn die schmerzensreichen Geheimnisse beginnen. Mit der Einfachheit eines Kindes werden wir sofort zum Herzen der Angelegenheit vordringen und feststellen, daß es auch hier um ein Versteckspiel geht. Der Tod (und jeder einzelne der vielen Tode im Laufe eines Lebens) ist der Punkt, an dem ich mich so sehr im Suchen verliere, daß es zu einem Durchbruch kommt: ich finde. Aber was ich finde ist nicht, wonach ich gesucht habe. Ich entdecke, daß das, wonach ich ohne es zu wissen suchte, gar nicht das Finden, sondern das Gefundenwerden war. Und im gleichen Moment werde ich gefunden. Ja, jetzt habe ich sogar mich selbst gefunden, doch das scheint inmitten dieser glorreichen Mysterien nicht länger von Bedeutung.

Suchen, sich selbst verlieren und sich finden lassen – das sind alles Kinderspiele. Warum also spiele ich sie nicht? Die Antwort lautet: Ich habe Angst – Angst zu suchen und vielleicht nicht zu finden; Angst, mich zu verlieren, vielleicht ein für allemal; Angst, gefunden zu werden, obwohl ich mir doch nichts sehnlicher wünsche. Vielleicht aber fürchte ich mich vor allem davor, daß etwas an einem so kindlichen Ansatz nicht stimmen könnte. Ich fürchte, es könnte so einfach nicht sein. Kurz: ich habe Angst. Und somit noch einmal, wie kann ich meine Furchtsamkeit überwinden?

Nur zwei Vorschläge als Antwort auf jene entscheidende Frage. Den ersten haben wir schon angedeutet. Glauben lernen wir in kleinen Schritten, und im gleichen Tempo überwinden wir unsere Furchtsamkeit. Indem wir uns mit jener Angst auseinandersetzen, der wir gerade noch gewachsen sind, werden wir stärker und können die nächste angehen. Als kleiner Junge fürchtete ich mich vor der Dunkelheit. Meine Mutter wußte das und ließ mich manchmal nach dem Dunkelwerden ihren Nähkorb von der Gartenbank holen. Ich rannte und pfiff, um mir im Finstern Mut zu machen. Aber dabei stellte ich fest, daß nichts Furchtbares passierte. Und so wurde ich langsam mutiger.

Vielleicht sollten wir dann und wann eine Aufstellung dessen machen, was wir fürchten. Natürlich wird es darunter eine ganze Reihe berechtigter Befürchtungen geben. Die wollen wir einmal beiseitelassen. Im Zweifelsfalle wollen wir einmal davon ausgehen, daß unsere Befürchtungen berechtigt sind, solange das

Gegenteil nicht bewiesen ist. Es werden immer noch genügend unbegründete Ängste auf unserer Liste bleiben. Dessen dürfen wir gewiß sein. Und diese wollen wir uns etwas näher anschauen. Vielleicht gibt es eine darunter, mit der wir uns schließlich auseinanderzusetzen trauen, selbst wenn es sich dabei nur um unsere unbegründete Angst vor Spinnen oder Anhaltern handelt. Diese eine wählen wir aus. Und wir tun jetzt einmal das, was wir fürchten. Wir werden sehen, daß die Angst unbegründet war. Wir überleben nicht nur, wovor wir uns ängstigen, sondern die Erfahrung hebt uns auf eine neue und unerwartete Ebene von Lebendigkeit. Und so oft wir uns das zu tun getrauen, wird es uns stärker machen.

Aber ich habe noch einen weiteren Vorschlag. Dieser hat mit der Art und Weise zu tun, in der wir über unsere Ängste nachdenken. Es wäre wirklich traurig, wenn all das Gerede über Glaube und Furchtsamkeit unseren alten Ängsten noch eine neue hinzufügte: die Angst vor der Angst. Das wäre dann mit Sicherheit die unbegründetste von allen. Wir wollen selbst an unsere Ängste positiv herangehen. Wir wissen, daß Mut Furcht voraussetzt. Das trifft selbst auf den Glaubensmut zu. Ohne Furcht gibt es keinen Mut. Kinder tun manchmal Dinge, die von einem Erwachsenen großen Mut verlangen. Aber die Kinder setzen sich Gefahren nur aus, weil sie sie nicht kennen. Je klarer wir die Gefahr erkennen, umso größer die Furcht, aber umso größer auch der Mut, der unsere Furcht überwindet. Es gibt eine Novelle von Gertrud von LeFort, *Die Letzte am Schafott*, die von Karmeliterinnen zur Zeit der Französischen Revolution erzählt. Weil sie dem Befehl, ihr religiöses Leben aufzugeben, nicht gehorchen, werden die Nonnen ins Gefängnis gesperrt und schließlich zu ihrer Hinrichtung geführt. Ihr Glaube und ihr Mut ist so groß, daß sie singend auf das Schafott steigen. Das Lied wird leiser und leiser, als ein Kopf nach dem anderen fällt. Erst mit der letzten hört das Lied auf. Hier aber beginnt der eigentliche Teil der Geschichte. Denn wie sich herausstellt, war die letzte, die mit ihren Gefährtinnen gestorben ist, nicht wirklich die letzte. Eine der Nonnen fand nicht den Mut zu sterben. Sie hatte sich versteckt. Und jetzt muß sie ganz alleine durch einen Seelenkampf nach dem anderen gehen, bis auch sie sich schließlich der Hinrichtung stellt. Bis zum letzten Augenblick ist sie voller Furcht. Am Ende aber wird offensichtlich, daß ihr Mut größer war als der jener, die triumphierend starben. Weil die Furcht, die sie überwinden mußte, soviel größer war, war auch der Mut größer, der jene Furcht überwand.

Wir könnten uns die Furcht sogar als den »Gegenwind« des Glaubens vorstellen. Je schneller wir fahren, um so stärker fühlen wir den Gegenwind. Es ist unser eigener Wagemut, der uns ängstigt. Solange aber unser Glaube der Angst eine Nasenlänge voran ist, geht alles in Ordnung. Wie mutig wir sind, können wir an unseren Ängsten ermessen, und dürfen uns dann selbst auf die Schulter klopfen. Wir brauchen uns vor Ängsten nicht zu ängstigen.

Der Kampf zwischen Furcht und Glaube kristallisiert sich im Bild von Jesus in Seinem Seelenkampf. Am Ölberg wird er zum »Pionier unseres Glaubens«. Aber dieser Vorausmarsch kostet ihn blutigen Schweiß. Am Ende nimmt er den Kelch entgegen, wie er zuvor die Steine anstelle von Brot entgegengenommen hatte. Besteht da nicht ein Zusammenhang zwischen diesem Brot und Kelch und dem Brot und Kelch des Abendmahls? Wann immer Christen das Abendmahl feiern, das Brot brechen und den Kelch teilen, feiern sie Leben in Fülle. Ja, aber im Hinblick auf den Tod, auf den blutigen Seelenkampf, in dem der Glaube die Angst überwindet. So oft wir das Abendmahl feiern, werden wir aufgerufen, mit Christus von unseren Ängsten zum Glauben überzugehen.

Selbst die Symbole des Abendmahls sind doppeldeutige Symbole. Brot ist ein Symbol des Lebens. Das Brechen des Brotes bezeichnet das gemeinsame Leben, das in der Gemeinsamkeit wächst. Und doch bezeichnet das Brechen auch Zerstörung, es erinnert an den im Tod gebrochenen Leib. Der Kelch des Blutes verweist auf den Tod. Aber es ist auch der Kelch, der in festlichen Versammlungen von Freunden zur Feier des Lebens die Runde macht. Es verlangt Mut, sich dieser doppelten Bedeutung zu stellen. Nur gemeinsam können die beiden Aspekte die ganze Fülle ausdrücken.

Der Mut, dessen es bedarf, das Leben unter dem Bild des Todes zu empfangen – das ist der Mut des Glaubens, der Mut der Dankbarkeit: Vertrauen auf den Geber. Treten wir zum Altar, um Brot und Kelch zu empfangen, dann verlangt das Mut. Es ist eine Geste, durch die wir sagen: »Ich vertraue gläubig, daß ich von *jedem* Wort leben kann, das aus dem Munde Gottes kommt, selbst dann, wenn es Tod bedeutet.« Was bleibt, ist diesen Akt des Glaubens ins tägliche Leben zu tragen. Und dies geschieht durch Dankbarkeit. Die christliche Abendmahlsfeier heißt schließlich Eucharistie, Danksagung. Indem wir lernen, für Leben und Tod, für diese ganze gegebene Welt zu danken, finden wir wahre Freunde. Es ist die Freude mutigen Glaubens, die Freude, die wir finden, wenn wir uns auf die Zuverlässigkeit im Herzen aller Dinge verlassen. Es ist die Freude der Dankbarkeit, umarmt von der Fülle des Lebens.

Hoffnung:
Offenheit für Überraschung

In jenen Augenblicken, in denen wir wirklich lebendig sind, erfahren wir das Leben als Geschenk. Auch als Überraschung erfahren wir das Leben. Glaube ist die dankbare Antwort des Herzens auf das Leben als Geschenk. Die Herzensantwort auf das Leben als Überraschung ist, wie wir noch sehen werden, die Hoffnung. Je mehr wir uns der Einsicht öffnen, daß das Leben Geschenk ist, desto mehr wird aus unserem Leben ein Leben des Glaubens, ein Leben gläubigen Vertrauens in den Geber. Natürlich ist der Glaube selbst Geschenk: Die Treue Gottes schenkt uns Vertrauen als unsere eigene gläubige Antwort. Wir dürfen also den Glauben als Gottes eigenes Leben in uns selbst verstehen. Hoffnung ist ein weiterer Aspekt derselben Lebensfülle. Je tiefer die Einsicht, daß unser Leben überraschend ist, desto mehr wird es ein Leben voller Hoffnungen sein, ein Leben voller Offenheit für das Überraschende. Überraschung aber ist ein Name Gottes. Tatsächlich ist Überraschung vielleicht der einzige Name, mit dem wir es wagen dürfen, den Namenlosen zu benennen. Zwar gelingt es auch dem Namen Überraschung nicht, Gott zu benennen. Indem wir ihn aussprechen, gelingt es uns aber zumindest, unser Herz für die Erkenntnis offen zu halten, daß Gott mit keinem Namen eingefangen werden kann. Und das macht gerade aus unserer Unzulänglichkeit einen Erfolg. Hier stehen wir schon mitten im Paradox der Hoffnung.

Wir dürfen auch die Hoffnung als Gottes eigenes Leben in uns selbst verstehen. Wenn Glaube das Vertrauen in den Geber aller Gaben ist (ein leicht erkennbarer Name Gottes), dann ist Hoffnung die Offenheit für Überraschung. Die größte Überraschung ist es aber, Gott in uns selbst zu begegnen.

Dies läßt uns fragen: »Wann aber sind wir endlich offen« in der Hoffnung. Der Dichter Rilke blickt in den weit geöffneten

Blütenstern einer Anemone und ist von der gleichen Frage betroffen. Er staunt über den Blumenmuskel, der den Blütenkelch nach und nach dem Morgenlicht erschließt. Jener Muskel des unendlichen Empfangens, in den stillen Blütenstern gespannt, ist manchmal so von der Fülle des Lichts übermannt, daß er kaum vermag, die weitgeöffneten Blüten bei Sonnenuntergang wieder zu schließen. Und wir, so fragt der Dichter – »wann sind *wir* endlich offen und Empfänger?«

Erinnert uns das nicht wieder an jene Augenblicke, in denen wir selbst von des Lebens Fülle überwältigt waren? Da waren wir von Freude überrascht. Wie flüchtig diese Erfahrung auch war, jetzt kennen wir die Freude, für Überraschungen offen zu sein. Einen Moment lang fühlten wir uns uneingeschränkt willkommen, und das erlaubt uns seither, das Leben ohne Einschränkungen willkommen zu heißen. Der Geschmack jener Augenblicke erweckt in uns eine Leidenschaft für das Leben mit seinen schier grenzenlosen Möglichkeiten. Jene Leidenschaft ist Hoffnung: »Leidenschaft für das Mögliche.«

Die Formulierung »Leidenschaft für das Mögliche« wurde von einem zeitgenössischen Propheten der Hoffnung geprägt. Es sind die letzten Worte auf der letzten Seite von William Sloane Coffins Autobiographie, *Once to Every Man* (Einmal für jeden Menschen). Dieses Buch hat mich tief bewegt. Meine Liebe und meine Bewunderung für den Autor hat sicherlich dabei eine Rolle gespielt. Aber, objektiver betrachtet, war ich betroffen von der Art und Weise, in der er sich mit den entscheidenden Anliegen unserer Zeit auseinandersetzt. Mutig nimmt er sich diese Anliegen zu Herzen, mit all dem Leiden, das ihn das kostet und erlaubt jener Leidenschaft (das Leiden schwingt ja in dem Worte mit), seine Hoffnung zu läutern.

Das Leben selbst wird unsere Hoffnung Schritt für Schritt läutern, wenn wir mit Leidenschaft für das Mögliche leben. Indem wir voranschreiten, werden die Grenzen des Möglichen weiter und weiter, bis in den Bereich des scheinbar Unmöglichen hinausgeschoben. Früher oder später erkennen wir, daß das Mögliche keine festen Grenzen kennt. Was wir für eine Grenze hielten, stellt sich als Horizont heraus. Und wie jeder Horizont weicht er zurück, während wir uns ins volle Leben hineinbegeben.

Diese Entdeckungsfahrt, die ihren Ursprung in der Leidenschaft für das Mögliche hat, ist unsere religiöse Suche, angetrieben von der Ruhelosigkeit unseres menschlichen Herzens. Hoffnung macht unser religiöses Suchen zu dem, was es ist. Wir können mit einer Definition von Hoffnung als »erwartungsvolles Verlangen« beginnen. Es gibt Ereignisse, die wir erwarten, nach denen wir aber nicht verlangen. Und dann gibt es andere, nach denen wir verlangen, die wir aber nicht erwarten. Erwartung allein ist nicht Hoffnung, wie auch Verlangen allein nicht Hoffnung ist. Unser Verlangen nach Unerwartetem ist nichts als Träumerei. Erwartung dessen, wonach wir nicht verlangen, kann ein Alptraum werden. Hoffnung aber schweißt Erwartung und Verlangen zusammen und schickt uns hellwach hinaus auf unsere Entdeckungsfahrt.

Eine gesunde Ruhelosigkeit kennzeichnet die Suche, auf die unsere Hoffnung uns ausschickt. Sowohl Erwartung wie Verlangen enthalten ein Element des »noch nicht.« Wir erkennen noch nicht klar, was wir erwarten. Wir besitzen noch nicht, wonach wir verlangen. Wir sind noch auf dem Weg dorthin. Und doch nehmen sowohl Erwartung als auch Verlangen das Ziel schon vorweg. Aus der Ferne sehen wir bereits das, was wir noch erwarten. Wir haben unser Herz bereits auf das gesetzt, wonach wir noch verlangen. (Es sei hier daran erinnert, daß das andere Wort für Verlangen, »Wünschen« oder »Wunsch« im Mittelhochdeutschen auch die Bedeutung von »Vermögen, etwas Außerordentliches zu schaffen« hatte.) Jedes »noch nicht« läßt unsere Suche ruhelos bleiben. Jedes »schon jetzt« hält jene Ruhelosigkeit gesammelt.

Wie schwer ist es, in der kreativen Spannung der Hoffnung zu leben, der Spannung zwischen dem noch nicht und dem schon jetzt! Reißt die Spannung, dann wird unsere Suche zu einem rastlosen Umherirren, oder aber sie bleibt in einem zwanghaften Sichniederlassen stecken. Das läßt sich überall beobachten, selbst im geistlichen Streben. Da gibt es manche, die schon jetzt alles wollen. Ein »noch nicht« können sie nicht ertragen.

Ankommen zählt, sonst nichts. Sie möchten alles ein für allemal geklärt und geregelt haben, je eher desto besser. Das Auf-dem-Weg-sein ist für sie eine Plage. Andererseits gibt es solche, die so auf das Suchen versessen sind, daß das Finden zu einer Bedrohung wird. Finden würde ja der Suche ein Ende bereiten. Es würde das Spiel verderben. An der Entdeckungsfahrt fasziniert sie ausschließlich das »noch nicht«.

Jene, die sich zwanghaft sofort niederlassen wollen, betonen den einen Pol der großen Suche auf Kosten des anderen Pols, den der ruhelose Wanderer überbetont. Dadurch polarisiert sich die Hoffnung.

Die zwanghaften Siedler haben Angst vor der Ungewißheit des Auf-dem-Weg-seins. Können wir es ihnen verübeln? Sie sind sich der Gefahren bewußt, denen wir uns aussetzen, solange wir auf dem Weg sind. Ziellose Wanderer hingegen sind sich bewußter, wieviel es uns kostet, uns einem Ziel zu verpflichten. Ist es zu verurteilen, wenn sie sich vor jener Verpflichtung fürchten? Wir sollten vielmehr die Siedler für ihren Mut, sich niederzulassen, und die Wanderer für ihren Mut, unterwegs zu sein, bewundern. Dann aber sollten wir einen Schritt weiter gehen und von beiden das lernen, was wir bewundern. Dieser doppelte Mut muß Angst durch den Glauben überwinden, damit die Hoffnung sich entfalten kann. Auch in diesem Sinne geht der Glaube der Hoffnung voran.

Die Furcht vor den Gefahren, die uns auf dem Weg begegnen könnten, ist groß und berechtigt; das trifft in noch größerem Maße auf die Furcht vor dem Wagnis der Bindung zu. Es bedarf großen Mutes, diese doppelte Furcht durch den Glauben zu überwinden. Wir schaffen es, indem wir den Wagemut des Nomaden mit dem des Siedlers verbinden, und das gibt uns den Mut des Pilgers. Der zwanghafte Siedler in uns wagt es, sich zu binden, fürchtet sich aber davor, unterwegs zu sein. Der unstete Nomade in uns wagt den Weg, fürchtet sich aber vor der Bindung. Nur der Pilger in uns kann diesen Zwiespalt überwinden. Der Pilger weiß, daß sich jeder Schritt auf dem Weg als das Ziel herausstellen kann, andererseits kann sich das vermeintliche Ziel als doch nur ein Schritt auf dem Weg erweisen. Dies hält den

Pilger offen für Überraschungen. Hoffnung kennzeichnet den Pilger.

Leo Tolstoi erzählt die Geschichte von zwei alten russischen Bauern, die sich auf eine Pilgerfahrt nach Jerusalem machen. Wochenlang wandern sie von Dorf zu Dorf, immer in Richtung auf das Schwarze Meer, wo sie hoffen, ein Schiff in das Heilige Land zu finden. Aber bevor sie den Hafen erreichen, werden sie von einander getrennt. Während der eine an einem Häuschen anhält, um seinen Wasserschlauch zu füllen, geht der andere noch ein Stück weiter, läßt sich dann im Schatten nieder und ist bald eingeschlafen. Als er aufwacht, fragt er sich: »Ist mein Freund noch hinter mir? Nein, er muß mich überholt haben, als ich hier schlief.« In der Hoffnung, seinen Freund einzuholen, geht er weiter. »Spätestens beim Warten auf das Schiff werden wir uns wiederfinden«, denkt er. Aber im Hafen findet sich keine Spur des Freundes. Tagelang wartet er, dann segelt er allein ins Heilige Land.

Erst in Jerusalem holt unser Pilger doch noch den anderen ein. Er sieht ihn ganz vorne beim Altar, aber bevor er sich einen Weg durch die Menge der Pilger bahnen kann, verliert er seinen Freund wieder aus den Augen. Er fragt nach ihm, doch niemand weiß, wo er wohnt. Ein weiteres Mal sieht er ihn in der Menge, und noch ein drittes Mal, näher den heiligen Stätten, als er selbst herankommt. Aber niemals holt er ihn ein, und als die Zeit kommt, Jerusalem zu verlassen, da muß er sich allein auf die Heimreise machen.

Viele Monate später kehrt er heim ins Dorf. Und da ist auch sein verlorengegangener Reisebegleiter. Er war ja gar nicht in Jerusalem gewesen. In jenem Häuschen, bei dem er angehalten hatte, um etwas Wasser zu bekommen, fand er eine ganze Familie, die im Sterben lag. Sie war arm und verschuldet, krank, fast verhungert und sogar zu schwach, um sich selbst Wasser zu holen. Mitleid überwältigte ihn. Er machte sich auf und brachte ihnen Wasser, kaufte Lebensmittel und pflegte sie gesund. Jeden Tag dachte er: »Morgen werde ich meine Pilgerfahrt fortsetzen.« Als er ihnen aber geholfen hatte, ihre Schulden zu bezahlen, da blieb ihm gerade genug Geld, um nach Hause zurückzukehren.

Der andere Alte, der ihn in Jerusalem gesehen hatte, fragte sich nun, wer von ihnen das wahre Ziel der Pilgerfahrt erreicht habe.

Wieder und wieder finden wir in der Bibel ein Bild für die Abenteuer des Herzens: das Bild des Weges. Das Bild erhält noch tiefere Bedeutung, wenn wir uns daran erinnern, daß in der Bibel Weg immer Pilgerweg bedeutet. Es ist der Weg, auf dem uns überraschenderweise der nächste Schritt schon zum Ziel führen kann, während das Ziel sich, auf ebenso überraschende Weise, als nur der erste von vielen weiteren Schritten herausstellen kann. Das Bild des Weges sagt uns, daß wir uns nicht fürchten müssen, die Ungebundenheit der Suche zu verlieren, selbst wenn wir finden. Wir müssen aber auch nicht fürchten, die Freude am Gefundenen zu verlieren, selbst wenn die Suche immer weiter geht. In seinen *Four Quartets* spricht T. S. Eliot von dem Paradox, »still sein und dennoch vorangehen«, dem Paradox der Hoffnung. Seine Einsichten sind so klar und so treffend ausgedrückt, daß ich hier gerne ein paar von Eliots poetischen Zeilen in meine eigenen tastenden Versuche, über Hoffnung zu sprechen, einfügen möchte:

Wir werden nicht nachlassen in unserem Kundschaften
Und das Ende unseres Kundschaftens
Wird es sein, am Ausgangspunkt anzukommen
Und den Ort zum erstenmal zu erkennen.

»Wir werden nicht nachlassen in unserem Kundschaften«, weil »auf dem Weg sein« das Unterwegssein bedeutet. Es spielt kaum eine Rolle, ob wir uns auf der falschen oder der richtigen Straße niederlassen. Solange wir sitzen, sind wir nach nirgendwo hin auf dem Weg. Wann immer wir uns bequem niedergelassen haben, sagt Gott: »Eure Wege sind nicht meine Wege« (Jesaja 55,8). Das läßt die Illusion von Sicherheit zerbrechen und wirft uns wieder hinaus auf die kalte, dunkle Straße. Und das ist ein Segen. Arg wäre es, wenn Gott uns uns selbst überließe, bis uns übel würde von dem, was wir am meisten wünschten. Im Gefundenen steckenzubleiben, ist nicht besser als beim Suchen uns selbst zu verlieren.

Früher oder später werden wir erkennen, daß nicht unser Finden wirklich zählt, sondern unser Gefundenwerden. Wir werden sehen, daß es nicht darauf ankommt, daß wir den Weg kennen, sondern daß wir an unserem Gehen erkannt werden. Biblisch ausgedrückt heißt das: »Es kennt der Herr den Weg des Gerechten« (Psalm 1,6), und das ist es, was zählt.

Als Pilger haben wir ein Ziel. Aber der Sinn unserer Pilgerfahrt hängt nicht davon ab, daß wir dieses Ziel erreichen. Wichtig ist, daß wir in unserer Hoffnung offen bleiben, offen für die Überraschung, denn Gott kennt unseren Weg viel besser als wir selbst. In diesem Wissen kann unser Herz Ruhe finden, auch während wir weiterwandern. Hoffnung als die Tugend des Pilgers vereint Stille mit Bewegung. Es ist wahr, unser erwartungsvolles Verlangen setzt uns in Bewegung. »Begehren selbst ist Bewegung/ Nicht an sich begehrenswert« (*Four Quartets*). Das »in Hoffnung ruhen« (Psalm 16,9) ist ganz gewiß nicht jenen vorbehalten, die am Endes des Weges sind. Auf einer Pilgerfahrt ist jeder Schritt das Ziel, denn das Ende geht dem Anfang voraus. Ruhen wir in der Hoffnung, dann bewegen wir uns laut T. S. Eliot in dynamischer Stille:

... wie eine chinesische Vase
Regungslos und dennoch in sich unendlich bewegt ist.
Nicht das Schweigen der Geige, solange der Ton noch schwingt,
Nicht dies nur, sondern vielmehr ihr Zugleich-Sein,
Und, sagen wir, daß das Ende dem Anfang vorangeht,
Daß Ende und Anfang bestehen von jeher
Noch vor dem Anfang und noch nach dem Ende.
Daß alles immer jetzt ist....

Die Spannung der Hoffnung zwischen dem schon jetzt und dem noch nicht ist die Grundlage für ein Verständnis von Pilgerschaft. Sie ist die Grundlage jener Sinnsuche, die wiederum die Pilgerfahrt jedes einzelnen menschlichen Herzens ist. Wann immer wir auf etwas stoßen, das Sinn hat, dann ist dieser Sinn schon jetzt und doch noch nicht gegeben. Er ist da, aber er führt noch weiter. Sinn findet man nicht wie Blaubeeren auf einer

Waldlichtung – als etwas, das man mit nach Hause nehmen und im Einsiedglas aufbewahren kann. Sinn ist immer etwas Frisches. Er leuchtet uns plötzlich ein, so wie die Strahlen der Nachmittagssonne plötzlich auf unsere Waldlichtung fallen. So oft wir hinschauen, können wir in diesem Licht immer neue Wunder entdecken.

Der heilige Paulus nennt den sich unendlich entfaltenden Sinn »Christus in uns, unsere Hoffnung auf Herrlichkeit« (2. Korinther 1,27). Wir werden die Verbindung zwischen Hoffnung und Herrlichkeit später untersuchen. Im gegenwärtigen Zusammenhang ist uns nur wichtig, daß Paulus diese Hoffnung auf Herrlichkeit als schon jetzt und zugleich als noch nicht gegeben betrachtet. Einerseits ist es »Christus in uns« (*ibid,*), die Christuswirklichkeit im Herzen unserer Lebendigkeit. Und somit handelt es sich um etwas uns ganz persönlich Gegebenes. Gleichzeitig aber ist jenes Leben noch »mit Christus in Gott verborgen« (Kolosser 3,3), in dem Gott grenzenloser Möglichkeiten – in der Zukunft, der Überraschung, der Hoffnung. »*(Schon) jetzt* sind wir Kinder Gottes. Und *noch* ist *nicht* offenbar geworden, was wir sein werden« (1. Johannes 3,2). Wir sind noch auf dem Weg. Der Weg aber ist schon Christus.

Der Seinsgrund, die Matrix allen Lebens, der unsichtbare Gott, »der Gott der Hoffnung« (Römer 15,13). Und deshalb ist »das Ebenbild des unsichtbaren Gottes« (Kolosser 1,15) auch »der Weg« (Johannes 14,6), Symbol der Hoffnung. Jene, die auf diesem »neuen und lebendigen Weg« (Hebräer 10,20) wandeln, werden »immer reicher an Hoffnung (...) durch die Kraft des Heiligen Geistes« (Römer 15,13). Denken wir über diese Schriftstellen nach, dann erkennen wir, wie Hoffnung im Mysterium des Dreieinigen Gottes wurzelt. Der Vater, von dem wir kommen und zu dem wir gehen, ist der »Gott der Hoffnung«. Der Sohn, in dem wir leben und der in uns lebt, ist »unsere Hoffnung«. Der Heilige Geist, Gottes eigenes Leben in uns, macht uns »immer reicher an Hoffnung.«

Der Geist Gottes erfüllt das Universum und bezieht die ganze Schöpfung ein in jene großartige Bewegung der sich entfaltenden Hoffnung. Der heilige Paulus beschreibt dieses kosmische Auf-

wallen der Hoffnung in seinem Brief an die Römer in Kapitel 8,
Vers 14–25, eine Stelle, die es verdienen würde, in diesem
Zusammenhang wieder einmal gelesen zu werden. Gott ist und
kommt. Das schon jetzt und das noch nicht läuft in Gott
zusammen. Den Gott der Hoffnung müssen wir uns als »still
(...) und dennoch vorangehen(d)« vorstellen. Hoffnung, als
Gottes Leben in uns, entfaltet sich in jener schöpferischen
Spannung. T. S. Eliot:

> Wir müssen still sein und dennoch vorangehen,
> Mit vertiefter Empfindung,
> Zu neuer Vermählung, tieferer Vereinigung...

Die Überraschung in der Überraschung jeder neuen Entdekkung besteht darin, daß es immer noch Neues zu entdecken gibt.
Hoffnung hält die Gegenwart offen für eine völlig neue Zukunft.
Wir wollen jedoch nicht vergessen, daß es wenig Sinn hat, von
Gott, Vergangenheit und Zukunft in einem Atem zu sprechen.
Gott lebt im »Jetzt, das nicht vergeht.« In die Zeit hinein
projiziert, entfaltet sich Gottes Jetzt als Vergangenheit, Gegen-
wart und Zukunft. Als ein Aspekt von Gottes eigenem Leben,
»bleibt« die Hoffnung (1. Korinther 13,13). Wie wir sie erfah-
ren, ist die Hoffnung in besonderer Weise auf die Zukunft
bezogen. Hoffnung hält uns im doppelten Sinne offen: für eine
Zukunft in der Zeit und für eine Zukunft jenseits von Zeit, für
Gottes Jetzt. Diese göttliche Zukunft kommt nicht erst später.
Die Hoffnung öffnet uns für sie, indem sie jeden Moment »Wo
sich Zeitloses schneidet mit der Zeit« macht (*Four Quartets*).
Eliot spricht auch vom:

> ... Blitz der Erleuchtung:
> Wir haben das Erlebnis gehabt, doch erfaßten den Sinn
> nicht,
> Aber wenn man den Sinn erkundet, kehrt das Erlebnis
> wieder
> In veränderter Form...

Hoffnung besitzt sogar die Macht, die Vergangenheit zu verändern, indem wir in ihr immer neuen Sinn entdecken.

Was hätte sein können und was wirklich war
Weisen auf ein, stets gegenwärtiges Ende.

Dieses Ende ist der Sinn, den alles hat. Und der Modus, in dem es
gegenwärtig ist, ist Hoffnung.

Theologische Reflektionen wie die, mit denen wir uns soeben
beschäftigt haben, sind nicht unberechtigt. Petrus ermahnt uns:
»Seid allezeit bereit zur Verantwortung jedem gegenüber, der
von euch Rechenschaft fordert über die Hoffnung, die in euch
(lebt)« (1. Petrus 3,15). Lieben aber ist letztlich die einzige
Rechenschaft, die man über die Liebe abgeben kann. Was
Glaube ist, kann man am besten dadurch deutlich machen, daß
man gläubig lebt. Ebenso ist es mit der Hoffnung. Nichts wird
uns mehr helfen, Hoffnung zu verstehen, als ein Pilgerleben, als
»still sein und dennoch voran(zu)gehen«, Tag für Tag. Und
nichts wird andere mehr überzeugen als die Art und Weise, in der
diese Hoffnung in unserer inneren Haltung und in unserem
äußeren Verhalten deutlich wird. Wir wollen uns deshalb einmal
die Verankerung anschauen, die uns die Hoffnung für unser
tägliches Leben bietet.

Hoffnung ist realistisch. Der Realismus der Hoffnung ist
Demut. Realismus gilt heute als Tugend. Aber Demut? Es ist an
der Zeit, dieses schöne Wort aus dem pietistischen Jargon
zurückzuretten. Im Englischen heißt Demut »humility«; »humility« ist unmittelbar mit »humus« (dtsch: Humus, Erde)
verwandt und mit einer Erdhaftigkeit, die wir gerade erst
wiederentdecken. »Humility« ist erdhaft, und damit auch mit
»humor« (dtsch: Humor) und schlichter »humanness« (dtsch:
Menschlichkeit) verwandt. Nur wenn wir erdhaft sind, können
wir über uns selbst lachen; und das macht uns »human« (dtsch:
menschlich). Die ethymologischen Verbindungen lassen sich im
Deutschen nicht nachvollziehen. Die psychologischen Verbindungen aber sind gekennzeichnet durch den Humor eines
demütigen Realismus. Und dieser Humor ist die gewinnendste
Eigenschaft der Hoffnung.

Scheint es aber nicht auf den ersten Blick so, als sei Pessimismus realistischer als Hoffnung? Zumindest dem Pessimisten

118

dürfte das so vorkommen. Die Optimisten aber versichern uns, daß Pessimisten unrealistisch seien. Die Pessimisten wiederum behaupten, sie seien einfach besser informierte Optimisten mit realistischeren Informationen. Rein statistisch kommt auf jeden Optimisten ein Pessimist. Warum wollen wir ihnen nicht gestatten, sich gegenseitig aufzuheben. Wir könnten dann, ganz realistisch, von vorn beginnen.

Genau genommen sind Optimisten und Pessimisten gleichermaßen unrealistisch. Weder die Optimisten noch die Pessimisten sind sonderlich an den Tatsachen interessiert, sondern nur daran, ihre Parteilinie einzuhalten. Ihnen geht es darum, ihre charakteristische Pose ins Spiel zu bringen, ganz gleich, welche Fakten sie vorfinden. Optimismus und Pessimismus spielen nur Theater. Hoffnung aber steht mit beiden Beinen in der Wirklichkeit. Wenn Optimisten und Pessimisten Politiker sind, dann ist die Hoffnung eine Mutter. Eine Mutter wirft sich nicht in Positur. Sie täuscht nichts vor. Hoffnung tut nicht einmal so, als würde alles schon in Ordnung kommen. Hoffnung tut einfach das, was sie tun muß, wie die Spinne in der Ecke meines Bücherregals. Sie wird wieder und wieder ein neues Netz spinnen, wann immer ich das alte mit meinem Staubwedel weggefegt habe – ohne sich selbst zu bedauern, ohne sich selbst zu beglückwünschen, ohne Erwartungen und ohne Angst. Wenn ich das mit meinem menschlichen Bewußtsein zustande brächte, ja, das wäre Hoffnung! Mich würde es mehr kosten. Auf meiner Ebene steht mehr auf dem Spiel. Aber ich verbeuge mich tief vor der Spinne.

Viele von uns neigen zu der Überzeugung, daß Optimismus der Hoffnung zumindest ein wenig näher stehe, als der Pessimismus. Das ist aber nicht der Fall. Glücklicherweise müssen wir nicht zwischen Optimismus und Pessimismus wählen. Müßten wir dies aber tun, dann wäre der Pessimismus vorzuziehen, und das aus zwei Gründen. Einmal ist es leicht, Optimismus mit echter Hoffnung zu verwechseln. Der Pessimismus läuft nicht diese Gefahr. Zum zweiten, wenn wir dumm genug sind, dann können wir hoffnungsvoll im Optimismus steckenbleiben. Der Pessimismus dagegen neigt dazu, dermaßen unerträglich zu werden, selbst für Pessimisten, daß man sich mitten hinein in die

Hoffnung katapultieren kann, wenn er nicht mehr auszuhalten ist.

Man meint vielleicht, daß Hoffnung der höchste Grad an Optimismus sei, eine Art Superoptimismus. Ich stelle mir da jemand vor, der höher und höher zur obersten Zinne des Optimismus klettert, um dort sein kleines Fähnchen der Hoffnung zu schwingen. In Wirklichkeit aber beginnt Hoffnung, wenn unserem Pessimismus der Boden unter den Füßen versinkt. Wo können wir schon hinfallen, wenn nicht in Gottes mütterlichen Schoß? Das ist der Grund, warum der heilige Paulus uns sagt, daß »Drangsal Geduld bewirkt, die Geduld Bewährung, die Bewährung Hoffnung« (Römer 5,3f). Wird diese Kettenreaktion funktionieren können, wenn wir nicht von Anfang an zumindest etwas Hoffnung haben? Ich für meinen Teil benötige in der Drangsal ein bißchen Hoffnung, wenn ich nicht ganz und gar die Geduld verlieren soll. Richtig, aber diese anfängliche Hoffnung könnte immer noch eine großzügige Dosis Optimismus enthalten. Bewährung vor unserem Schicksal muß jeden Rest von Pose und Heuchelei in einem langsam brennenden Feuer läutern. Erst dann wird Hoffnung sich wirklich zeigen und über jeden Zweifel erhaben sein.

Dieser Läuterungsprozeß findet sich an wichtiger Stelle in jeder spirituellen Tradition. Die Geduld hält still im Feuer der Bewährung. Disziplin besteht ja vor allem im Stillhalten. Das macht sie nicht weniger anstrengend. Aber alle Anstrengung fließt ein in die entscheidende Aufgabe, nämlich, die Aufgabe, sich nicht zu bemühen. Um es wieder mit den Worten von Eliot in den *Four Quartets* zu sagen:

Ich sprach zu meiner Seele: sei still und warte, ohne zu hoffen,
Denn Hoffen wäre auf Falsches gerichtet; warte ohne zu lieben,
Denn Liebe wäre auf Falsches gerichtet, da ist noch der Glaube,
Doch Glaube und Liebe und Hoffnung sind alle im Warten.

Der Schüler hält still vor seinem Lehrmeister. Der Schüler, Auge in Auge mit seinem Lehrer, ist ganz Aufmerksamkeit. Diese Stille ist kein Abschalten. Es ist die Stille der Anemone, die sich weit dem Sonnenlicht geöffnet hat. Selbst das Durcheinander von Gedanken ist durch die Disziplin dieser Stille beruhigt. Eliot sagt:

> Warte ohne zu denken, denn zum Denken bist du nicht reif,
> Dann wird das Dunkel das Licht sein und die Stille der Tanz.

Der Tanzmeister spiritueller Disziplin stellt hohe Anforderungen. Die Stille und das Dunkel, worin die Hoffnung geläutert wird, sind »Zustand vollendeter Einfalt/(Der nicht weniger kostet als alles)« (*Four Quartets*). Das Bild des Tanzes weist auf einen Aspekt der Hoffnung hin, den Joseph Pieper, der meisterhaft über diese Tugend schrieb, aufzeigte: Hoffnung steht im engen Zusammenhang mit Jugendlichkeit. Dies ist nicht nur in dem Sinne wahr, daß wir von jungen Leuten erwarten, daß sie voller Hoffnung seien. Auch alte Leute, sofern sie die Tugend der Hoffnung erlernten, strahlen eine unerwartete Jugendlichkeit aus. »Deshalb sind wir nicht verzagt«, schreibt Paulus, »wenn wir auch äußerlich aufgerieben werden, so werden wir doch innerlich von Tag zu Tag jünger« (2. Korinther 4,16). Tanzen verjüngt uns.

In der Jugendlichkeit der Hoffnung ist wartendes Stillehalten eins mit dem Tanzen. Kleine Knirpse sind zu unbeholfen, um zu tanzen und zu ungeduldig, um zu warten. (»Meine Schwester ist fast zehn, ich meine neun, denn sie ist acht«, sagt mein kleiner Freund Peter, der seinen eigenen nächsten Geburtstag nicht erwarten kann.) Alte Leute fragen sich häufig, worauf es sich noch zu warten lohnte, und sie fühlen sich zum Tanzen zu steif. Aber irgendwo zwischen kindischem Optimismus und senilem Pessimismus liegt der jugendliche Tanz der Hoffnung, anmutig in seiner Stille, da er in völliger Sammlung auf jeden neuen Einsatz zu warten weiß.

Warten ist nur dann ein Ausdruck von Hoffnung, wenn es ein

»Warten auf den Herrn« ist, auf Gott, dessen Name Überraschungen heißt – und auf sonst nichts. Solange wir auf eine Verbesserung der Situation warten, machen unsere Ambitionen einigen Lärm. Und wenn wir auf eine Verschlechterung der Situation warten, dann werden unsere Ängste laut. Die Stille, die in jeder beliebigen Situation auf das Aufleuchten des kommenden Herrn wartet – das ist die Stille biblischer Hoffnung. Diese Stille verträgt sich nicht nur gut mit tatkräftigem Dienst an der Welt, wenn das unsere gottgegebene Aufgabe ist. Sie ist sogar unbedingt nötig, wenn wir klar und deutlich hören wollen, was unsere Aufgabe eigentlich ist. Auch wie tüchtig wir unsere Aufgabe angehen, beweist sich durch Stille. Eine ratternde Maschine vergeudet schließlich Energie auf eben dieses Rattern. Die Stille der Hoffnung ist der Ausdruck einer vollkommenen Energiekonzentration auf die aktuelle Aufgabe.

Die Stille der Hoffnung ist deshalb die Stille der Integrität. Hoffnung integriert. Sie macht ganz. Und so bietet die Hoffnung eine gesunde Basis für spirituelle Disziplin, eine solide Verankerung. (Es ist kein Zufall, daß das traditionelle Zeichen der Hoffnung ein Anker ist.) Erinnern wir uns, welchen integrierten Einfluß die Begabung zu starken und gesunden Gefühlen auf das Innenleben eines Menschen haben kann. Hoffnung hat ähnliche Auswirkungen. Aber Hoffnung geht tiefer und reicht weiter als bloße Gefühle. Sie durchdringt jeden Lebensbereich des Menschen und macht sein Leben ganz und gesund.

Es ist wichtig, daß wir die Verbindung zwischen Hoffnung und Gefühlen klar erkennen – um so mehr als Gefühle einen im Hauptstrom christlicher Spiritualität vernachlässigten Bereich darstellen. Tatsächlich wurden Gefühle lange Zeit mit Mißtrauen betrachtet. Im besten Fall wurde ihnen eine weitaus geringere Bedeutung für unser inneres Wachstum zugebilligt als dem Intellekt und dem Willen. Dieses Ungleichgewicht spiegelt ein anderes bedeutendes Ungleichgewicht wider. Im Vergleich zu all der Betonung auf Glaube und Liebe, wurde kaum Nachdruck auf Hoffnung gelegt. Erst kürzlich wurde die Hoffnung von religiösen Denkern gleichsam wiederentdeckt. Könnte diese doppelte Vernachlässigung der Hoffnung und der Gefühle etwas mit dem Mangel an innerer Ganzheit zu tun haben, den viele Menschen heute schmerzvoll erfahren?

Wir müssen natürlich zwischen Gefühlen und Tugenden unterscheiden. Hoffnung ist nicht bloß ein Gefühl. Hoffnung ist eine Tugend, eine fest fundierte Haltung des Herzens, eine Grundhaltung des ganzen Menschen. Und doch brauchen wir bloß an Verzweiflung zu denken, das Gegenteil von Hoffnung, um zu erkennen, daß Gefühle in diesem Bereich eine herausragende Rolle spielen. Intellekt, Wille und Gefühle sind alle an jeder Tugend beteiligt. Die Tugend des Glaubens etwa gestaltet jeden Aspekt im Leben eines gläubigen Menschen. Und doch spielt hier der Intellekt die Hauptrolle. Auch die Tugend der Liebe gestaltet, wie wir noch sehen werden, den ganzen Menschen um. Und doch ist Liebe wesentlich eine Haltung des Willens. Ganz ähnlich herrscht Gefühl in der Tugend der Hoffnung vor, obwohl Intellekt und Wille ganz gewiß auch ihre Rolle spielen. Weder Intellekt noch Wille dürfen als Teilstück unserer Psyche verstanden werden. Gefühle auf diese Weise mißzuverstehen ist beinahe unmöglich. Es ist so offensichtlich, daß Gefühle immer den gesamten Menschen berühren. Diese ganzheitliche Qualität unserer Gefühle könnte uns verstehen helfen, auf welche Weise Hoffnung ein Zeichen spiritueller Ganzheit ist.

Der Intellekt nimmt Wirklichkeit unter dem Aspekt der Wahrheit auf. Wille erfaßt Wirklichkeit unter dem Aspekt des Guten. Was unsere Gefühle anspricht, ist Wirklichkeit unter dem Aspekt der Schönheit. Wahrnehmung von Schönheit beginnt in unseren Sinnen, geht aber weit über das nur Sinnliche hinaus. Ebenso unsere Gefühle. Unser ganzes Wesen schwingt mit in der Antwort auf jenen Glanz des Wahren, den wir Schönheit nennen – und das in einem solchen Maße, daß wir uns einen Augenblick lang verklärt fühlen von jenem strahlenden Glanz, den wir nicht nur vor uns, sondern in uns erkennen. Unser Intellekt muß sich die Wahrheit erarbeiten. Unser Wille muß sich zum Guten durchringen. Unsere Gefühle aber fließen ohne Mühen in Richtung Schönheit, mit einer anmutigen Leichtigkeit, die uns wiederum an die tanzende Stille der Hoffnung erinnert.

Es gibt noch andere Punkte, an denen sich Hoffnung und

Schönheit berühren. Einer dieser Punkte ist ein Paradox in unserer Haltung zur Schönheit, ein Paradox, das neues Licht auf die Hoffnung wirft. Einerseits ist Schönheit für uns immer überraschend. Sie schimmert immer wie ein Geschenk, das nicht nur unerwartet, sondern auch unverdient kommt. Andererseits aber erwarten wir Schönheit. Tief in unserem Herzen erwarten wir selbst unsere eigene Schönheit als eine Art unveräußerlichen Geburtsrechts. Ist es nicht so?

> ... why is it
> we find the ugly unfair, not at all what the flesh
> was meant to be heir to, and as for beauty, assume
> a family right, as to an unforgettable heirloom?

(... warum/finden wir das Häßliche ungehörig,/ ganz und gar nicht was dem Leib/ zusteht als Erbe;/ maßen uns aber auf Schönheit ein Erbrecht an,/ wie auf ein Familienstück seit Menschengedenken?)

Dorothy Donelly stellt diese verblüffende Frage in »Trio in a Mirror«, einem Gedicht, in dem sie die Beziehung zwischen Schönheit und Hoffnung untersucht. Ihre Antwort ist dies:

> ›You are gods!‹ God said. But you are dark. A cloud is on the star,
> And not a mirror in the world can show beautiful you are.

(›Götter seid ihr!‹ sagt Gott. Aber ihr seid dunkel. Eine Wolke liegt über dem Stern,/ Und kein Spiegel der Welt kann zeigen, wie schön ihr seid.)

Hoffnung kann sehen, was kein Spiegel der Welt zeigen kann. Und so,

> Happy fault, the flaw, which offending,
> lets us see we have eyes for the perfect...

(Glückliches Versehen, der Fehler, dessen Mißfallen/ uns erkennen läßt, daß wir Augen für das Vollendete besitzen.)

Unsere Augen für das Vollkommene sind die Augen der Hoffnung. Hoffnung betrachtet alles so, wie eine Mutter ihr Kind anschaut, mit einer Leidenschaft für das Mögliche. Diese Art zu sehen ist schöpferisch. Sie erschafft den Raum, in dem sich Vollkommenheit entfalten kann. Mehr noch, die Augen der Hoffnung schauen durch alles Unvollkommene hindurch in das Herz aller Dinge und finden dort Vollkommenheit.

Die Augen der Hoffnung sind dankbare Augen. Bevor unsere Augen lernten, dankbar in die Welt zu blicken, erwarteten wir das Schöne in gutaussehenden Dingen zu finden. Dankbare Augen aber erwarten die Überraschung, Schönheit in allen Dingen zu finden. Und sie finden sie tatsächlich (und sind dennoch überrascht). Goethe wußte das, als er am Ende seines Lebens schrieb:

Ihr glücklichen Augen,
Was je ihr gesehn,
Es sei, wie es wolle,
Es war doch so schön!

Bevor unsere Hoffnung geläutert war, erwarteten wir das Beste, oder zumindest des Zweit- oder Drittbeste. Reine Hoffnung aber erwartet die Überraschung, daß selbst das Schlechteste, sollte es zutreffen, das Beste ist. Und reine, dankbare Hoffnung wird in dieser Erwartung niemals enttäuscht.

Auf den Schlüssel zu diesem Paradox habe ich bereits hingedeutet, als ich sagte, daß wir uns dessen »tief in unserem Herzen« bewußt seien. Diese Herzenstiefe ist jener Bereich, in dem wir mit uns selber eins sind und so mit Gottes Leben in uns. Glaube bedeutet von da her einfach Gottes Leben, wie unser Herzenswissen es kennt, nämlich als treue Zuverlässigkeit. Und was bedeutet von da her Hoffnung? Hoffnung ist Gottes Leben, wie unser Herzensfühlen es empfindet, nämlich als Schönheit – als erwartete und doch überraschende Schönheit, als Anmut. In der

Anmut eines jungen Prinzen fallen so Geburtsrecht und strahlende Überraschung zusammen. Im Herzen sind wir alle jugendliche Prinzen und Prinzessinnen. Der Geist der Hoffnung ist ein adeliger Geist. »Spiritus principalis« nannte ihn der heilige Hieronymus, als er den Vers »einen standhaften Geist erwecke mir« (Psalm 51,12) übersetzte. Die Standhaftigkeit der Hoffnung ist tief im Herzen verankert.

Wenn aus dem Herzen leben dankbar und gläubig leben heißt, dann bedeutet das zugleich voller Hoffnung leben. Von daher gibt die Hoffnung unserem Einsatz für die großen Anliegen der heutigen Welt die nötige Kraft. Diesen Aspekt der Hoffnung wollen wir uns nun näher anschauen.

Hoffnung als Leidenschaft für das Mögliche schärft unsere Sinne für praktische Möglichkeiten. Sie gibt uns eine Jugendlichkeit, die das Mögliche nur durch einen immer weiter zurücktretenden Horizont begrenzt sieht. Der adelige Geist der Hoffnung verlangt und bestimmt unseren moralischen Einsatz. Denn Hoffnung wurzelt in unserem Herzen, wo wir mit allen verbunden – und damit für alle verantwortlich sind. Alles hängt natürlich davon ab, wie rein unsere Hoffnung ist, wie tief sie in unserem Herzen wurzelt. Selbsttäuschung in dieser Sache fällt uns leicht. Wie also können wir uns selbst prüfen?

Vielleicht könnten wir unsere Hoffnung einem einfachen Test unterziehen. Er ist nicht narrensicher. Auch ist er nicht sehr präzise. Aber vielleicht bietet er uns einen Anhaltspunkt. Vielleicht probierst du ihn zuerst an einem deiner Lieblingsprojekte aus. Schreibe die verschiedenen Hoffnungen auf, die du im Zusammenhang mit jenem ganz bestimmten Projekt hast. Das ist der erste Schritt. Als nächstes stelle dir lebendig vor, daß deine Hoffnungen, eine nach der anderen zuschanden würden. Kannst du den Grad der Verzweiflung spüren, zu dem dich diese Möglichkeiten verführen könnten? Die Hoffnung, die bleibt, nachdem alle deine Hoffnungen zuschanden wurden – das ist reine Hoffnung, die im Herzen wurzelt.

Wir haben hier eine wichtige Unterscheidung gemacht zwischen Hoffnung und Hoffnungen. Sie läuft parallel zu unserer früheren Unterscheidung zwischen Glaube und Überzeugungen. Wir konnten feststellen, daß Glaube zu Überzeugungen führt, wie Hoffnung zu Hoffnungen. Glaube hängt aber ebensowenig von Überzeugungen ab wie Hoffnung von Hoffnungen. Wir mußten sogar entdecken, daß Überzeugungen dem Glauben in den Weg kommen können. Auf ähnliche Weise können Hoffnungen der Hoffnung den Weg versperren, sie aufhalten und ihre Offenheit für Überraschungen blockieren. Es macht einen gewaltigen Unterschied, worauf wir unser Schwergewicht legen – auf unsere Hoffnungen oder auf Hoffnung.

Ein Mensch der Hoffnung ist reich an Hoffnungen. Aber diese Hoffnungen sagen uns nicht, ob dieser Mensch auch die Tugend der Hoffnung hat. Erst wenn alle Hoffnungen zerbrechen, zeigt es sich. Dann wird ein Mensch von Hoffnungen mit ihnen zerbrechen. Ein Mensch der Hoffnung jedoch hat meist schon ein neues Feld voll blühender Hoffnungen, kaum daß sich der Sturm gelegt hat.

Unsere kleinen Hoffnungen wirken auf den ersten Blick harmlos genug. Vielleicht wirken sie sogar altruistisch: Wird nicht alles im besten Interesse jener getan, denen wir helfen möchten? Früher oder später aber entdecken wir, daß jene anderen nicht unbedingt die Hoffnungen teilen, die wir für sie haben. Arme Geschöpfe, sie wissen nicht, was gut für sie ist! Es scheint nun einmal in der menschlichen Natur zu liegen, daß wir unsere Hoffnungen oft energischer verfolgen, als es jenen gefällt, für die wir so hohe Hoffnungen hegen. Eltern haben manchmal mit ihren eigenen Hoffnungen ihre Kinder zwangsbeglückt und so deren Leben ruiniert. Eheleute ruinieren so einander das Leben aufgrund der besten Hoffnungen, die sie jeweils füreinander hegen. Ganze Nationen, unsere eigene nicht ausgenommen, haben Hunderttausende hingemetzelt, verstümmelt und verbrannt im Bestreben, anderen Völkern unsere eigenen Hoffnungen aufzuzwingen.

Hoffnungen beschleunigen nicht die Ankunft des Friedens auf Erden. Das bewirkt nur die Hoffnung. Denn nur allzu leicht können wir in unseren Hoffnungen steckenbleiben; niemand aber kann in der Hoffnung steckenbleiben. Hoffnung befreit – zuerst von der Fessel der Hoffnungen und dann von allen anderen Fesseln. Reine Hoffnung ist so fest in unserem Herzensgrund verankert, daß sie es sich leisten kann, ihre eigenen Hoffnungen leicht zu nehmen. Das ist die Art und Weise, in der eine Mutter ihre Kinder hält, mit Leichtigkeit, ganz gleich wie fest sie sie hält – immer bereit, sie loszulassen, auf das sie wachsen können, ohne sie jedoch jemals fallen zu lassen. So bemuttert Hoffnung ihre Hoffnungen. Und das liebste Kind der Hoffnung ist der Friede.

Hoffnung als Offenheit für eine Zukunft, die nicht erst später kommt, versteht die Parole: »Es gibt keinen Weg zum Frieden; der Friede ist der Weg.« Hoffnung führt deshalb zum Frieden, weil sie im Frieden verwurzelt ist, verwurzelt im Herzen, wo wir bereits jetzt mit allen anderen eins sind. Hoffnung vereint. Hoffnungen sind verschieden und können uns leicht gegen einander aufbringen. Unsere Berufung aber ist »zu einer Hoffnung« (Epheser 4,4). Und diese Berufung umfaßt alle Kreaturen, das ganze Universum. »Die ganze Schöpfung seufzt und liegt in Wehen«, so Paulus, »auf Hoffnung hin« (Römer 8,21 ff.). Was die gesamte Schöpfung in diesen Hoffnungswehen zur Welt bringt, ist Gottes »Herrlichkeit«, unser uns allen zustehendes gottesadeliges Geburtsrecht, das »sich an uns offenbaren wird« (Römer 8,18). »Tatsächlich ist es der Lieblingstraum des Universums, einen kurzen Blick auf wirklich lebendige Söhne und Töchter Gottes zu werfen«, wie Clarence Jordan diese Stelle des Römerbriefes in seiner köstlichen *Cotton Patch Version of Paul's Epistles* vermittelt. Jene Hoffnung erfüllt die ganze Schöpfung. Denn ebenso wie Zuverlässigkeit sich im Herzen aller Dinge findet, so auch Hoffnung.

Und doch, ist diese Hoffnung realistisch? Schau dich doch um! Horche hin! Aus jeder Ecke dieser Welt ertönt der Schrei: Die Zeit wird zu knapp! Es ist überall das Gleiche: Unsere Habsucht verwüstet diese Erde; unsere Furchtsamkeit häuft Waffensysteme an, die eben das herbeizuführen drohen, was wir am meisten fürchten; unsere Bequemlichkeit macht uns lethargisch, wenn wir handeln *könnten*, und dadurch untergraben wir selbst nach und nach unsere Chancen einzugreifen. Wenn wir uns schließlich *doch* aufraffen, mag es zu spät sein. Es ist kaum zu glauben, aber Tag für Tag geht eine bedrohte Pflanzen- oder Tierart für immer verloren. Ausgestorben. Tag für Tag gibt diese Welt mehr Geld für Waffen aus, als die Vereinten Nationen jährlich für den Welternährungsfond zusammenkratzen können. Tag für Tag sterben ebenso viele Männer, Frauen und Kinder am Hunger, als würde eine Stadt mit fünfundsiebzigtausend Einwohnern von der Landkarte gestrichen. Verschwendungssucht, Furchtsamkeit und Gleichgültigkeit führen uns mit rasender Geschwindigkeit einem Abgrund entgegen. Die Zeit wird uns tatsächlich zu knapp.

Wenn wir das einmal klar gesehen haben, können wir dann noch die Augen wieder verschließen? Eine schmerzliche Wahrheit ist uns unter die Augen gekommen. Es gibt keine andere Kur, als die Augen unseres Herzens, die Augen der Hoffnung zu öffnen. Hoffnung erkennt in der Zeit, die uns zu knapp wird, eine andere Art Zeit – »Zeit nicht unsere Zeit« – eine Zeit, die zur Fülle ausreift. Unter dem Bild von Mutter und Kind sieht und feiert die Hoffnung in jedem Augenblick »die Fülle der Zeit« (Galater 4,4). Weihnachten geschah, als der Mutter Zeit »vollendet« war (Lukas 2,6) und sie gebar. Weihnachten geschieht wieder, hier und jetzt, in jedem Augenblick, in dem wir das Kind in uns zur Welt bringen. Mutter und Kind – das ist das Bild, das Habsucht, Angst und Gleichgültigkeit herausfordert. Überall auf der Welt sind es die Mütter, die nähren; sie haben Mut, sie umsorgen. Es sind die Mütter der Welt, die uns auffordern, durch die Hoffnung »die Freiheit der Herrlichkeit der Kinder Gottes« (Römer 8,21) in die Welt zu setzen.

Gibt es Methoden, Modelle, Techniken, um unsere weltweiten Probleme zu bewältigen? Wir müssen sie schleunigst finden. Nichts ist dringender. Vielleicht beginnt aber alles mit einer Veränderung unserer inneren Haltung, einer Verlagerung des Schwergewichts von Hoffnungen auf Hoffnung. Vielleicht müssen wir zuerst mütterlicher werden. Das würde bedeuten, die überwältigende Größe der Aufgabe anzuerkennen und dann jenen kleinen Teil zu finden, dem wir uns selber mit der Hingabe einer Mutter widmen vermögen. Auf diese Weise »kauft (Hoffnung) die Zeit aus« (Epheser 5,16). Hoffnung macht das meiste aus der Zeit, schöpft alle Möglichkeiten der Zeit aus, selbst alle Überraschungen der Zeit. Durch die Augen der Hoffnung gesehen, ist unsere alternde Zeit hochschwanger mit Neuem. Daß die Zeit uns zu knapp wird, kündigen Geburtswehen an, durch die das strahlende Kind der Hoffnung geboren wird, wenn die Zeit sich erfüllt.

Im Blick auf jene Fülle der Zeit, dem Anbruch des »Tages Gottes«, stellten sich die Christen des ersten Jahrhunderts die Frage: »Wie sollen wir in solchen Zeiten leben?« Und sie gaben eine zweifache Antwort darauf: Wir sollten »die Ankunft des Tages Gottes erwarten und beschleunigen« (2. Petrus 3,12). Die Erwartung ist der wache Blick der Hoffnung. Das Beschleunigen ist das aufgeweckte Handeln der Hoffnung. Wie eine Mutter, die ihr Kind mit dem hoffnungsvollen Blick des Herzens betrachtet und genau das tut, was hier und jetzt nötig ist, verbindet die Wachheit der Hoffnung Schau und Tat. Hoffnungsvolles Handeln entspringt der Schau jener Gottesherrlichkeit, die in unserem Innern schon aufstrahlt. Ist das nicht die Art und Weise, in der Menschen wie Papst Johannes XXIII, Dorothy Day, Martin Luther King und Mutter Teresa das ausstrahlen, was sie, die guter Hoffnung sind, bereits in sich tragen? Dies ist es, was ihnen Kraft gibt. »In Stillesein und hoffendem Vertrauen liegt eure Kraft« (Jesaja 30,15).

Stille und Hoffnung, sie gehören tatsächlich zusammen. Nur in der Stille der Hoffnung können wir unser tiefstes Einssein finden. »Wir sind alle eine Stille«, sagt Thomas Merton, »doch eine Vielfalt an Stimmen.« Wie können wir unsere Ohren auf die eine Stille unserer gemeinsamen Hoffnung eingestimmt halten, wenn die vielfältig einander widersprechenden Stimmen unserer Hoffnungen uns ablenken? Wie können wir uns auf ihre letztliche Harmonie einstimmen, die nur den Ohren des Herzens vernehmbar ist? Nur wenn wir still sind. Nur wenn wir in unserem Herzen eine Stille nähren, die weit genug wird, um selbst widersprüchliche Hoffnungen zu umfassen und in sich aufzuheben; eine Stille, die so grenzenlos ist, daß in ihr alle Hoffnungen in Hoffnung ausklingen.

Bachs »Matthäus-Passion« beginnt mit einem Wechselspiel

zwischen den zwei Hälften eines Doppelchores, die einander antworten. Und gerade wenn das komplizierte Ineinanderweben dieses Austauschs einen Höhepunkt erreicht, den noch zu steigern unmöglich erscheint, tritt ein Überraschungselement ein: ein Knabenchor kommt hinzu, der den *cantus firmus* senkrecht in das weiterhin wogende Spiel und Widerspiel der beiden anderen Chöre stellt. Da haben wir nun drei verschiedene Chöre und das Orchester, und sie alle folgen ihren eigenen Stimmführungen. In Dezibels gemessen, drückt sich diese Figurenfülle auch in hochgradiger Lautstärke aus. Und doch ist der Eindruck des Zuhörers überraschenderweise ein Eindruck wogender Stille.

Das biblische Wort für die polyphone Vielfalt der Hoffnungen in der einen Musik der Hoffnung lautet »Herrlichkeit«. Und wie häufig treten Hoffnung und Herrlichkeit gemeinsam im Neuen Testament auf! Der frühen Kirche bot das Konzept göttlicher »Herrlichkeit« das Verbindungsglied zwischen Schau und Verwirklichung der Hoffnung. Nichts weniger als die Macht zur Umwandlung der Welt beruht auf diesem entscheidenden Begriff von »Herrlichkeit«. Für uns ist »Herrlichkeit« heute ein mißverstandenes Konzept, das irgendwo in der Dachkammer unseres religiösen Vokabulars verstaubt. Wie »Majestät« läßt es an nicht viel mehr denken als an Pomp und Zeremoniell. Es scheint wenig Relevanz für verantwortliches christliches Leben zu haben. Wer würde denken, daß dieser Begriff göttlicher Herrlichkeit das Bindeglied darstellt zwischen der seherischen Schau der Hoffnung und ihrer tatkräftigen Verwirklichung? Dieses Verständnis von der Herrlichkeit Gottes machte die frühe Kirche fähig, die ganze Welt umzugestalten. Wenn wir nur ein Gespür dafür zurückgewinnen könnten, was »Erleuchtung durch die Frohbotschaft von der Herrlichkeit Christi« (2. Korinther 4,4) für die frühen Christen bedeutete. Dann würden wir verstehen, warum jene Erleuchtung ihnen die Kraft gab, die alte Welt umzuwandeln. Wir würden entdecken, daß sie uns immer noch die Kraft geben kann, selbst die sozialen Strukturen unserer Zeit umzuformen. Aber wir würden uns auch bewußt werden, wie nahe die Herrlichkeit der Schönheit verwandt ist.

Der deutschen Sprache ist diese Verwandtschaft bekannt. In Textors Synonymwörterbuch steht Herrlichkeit neben Schönheit, Liebreiz, Wohlgestalt, Harmonie, Vollendung, Anmut, Formvollendung, Ebenmaß, Köstlichkeit, Erlesenheit und Pracht. Im neutestamentlichen Konzept von Herrlichkeit wurden die hebräische Vorstellung von »Gewichtigkeit« (*kabod*) und die griechische Vorstellung von »Erscheinung« (*doxa*) miteinander verbunden. Das könnte uns zur Vorstellung einer »gewichtigen Erscheinung« führen und uns an Politiker und Finanzmagnaten denken lassen. Herrlichkeit im biblischen Sinne ist natürlich mehr als das. Es ist die Offenbarung von Gottes machtvoller Gegenwart, die überwältigende Erscheinung vom »Gott der Herrlichkeit« (Psalm 29,3). Darin ist Schönheit unausgesprochen enthalten. Gottes Herrlichkeit im Licht, im Feuer, in Wolken, im Regenbogen, in einem sternenklaren Himmel vermittelt ein Gefühl überragender Schönheit. Wir sollten hin und wieder »Schönheit« sagen, wenn wir »Herrlichkeit« in unseren Bibeln lesen. Das könnte uns zu einem tieferen Verständnis dieses Schlüsselbegriffs verhelfen – und das um so mehr, wenn wir dabei an die Verbindung zwischen Schönheit und Hoffnung denken, die wir bereits behandelt haben.

Ein berühmtes Zitat aus Rilkes *Duineser Elegien* drückt in moderner Sprache jene Harmonie von Glanz und Macht aus, die Gottes Herrlichkeit in der Bibel kennzeichnet:

Denn das Schöne ist nichts
als des Schrecklichen Anfang, den wir noch gerade ertragen,
und wir bewundern es so, weil es gelassen verschmäht,
uns zu zerstören...

Wenn wir uns Gottes Herrlichkeit als eine ehrfurchterregende Aura vorstellen, dann erretten wir sie vielleicht aus dem Reich pompöser Zeremonien und verbinden sie – richtiger – mit Schönheit. Wir wollen aber nicht vergessen, daß wir Schönheit nicht nur im Sturm, im Erdbeben und im Feuer als »erschütternd« erfahren, sondern auch dann, wenn sie als »leises, sanftes

Säuseln« (1. Könige 19,12) kommt – beispielsweise als anmutiges Rehkitz. Wir entdecken es plötzlich, schlank und dunkel zeichnet es sich gegen den frischen Schnee ab, bewegungslos – und wir sind »erledigt«. Die Erschütterung einer solchen Begegnung mit überwältigender Schönheit schwingt noch nach, wenn der heilige Johannes schreibt: »Wir haben seine Herrlichkeit geschaut, eine Herrlichkeit als des Eingeborenen vom Vater« (Johannes 1,14).

Wahre Schau göttlicher Herrlichkeit verlangt Verwirklichung durch unser Tun. Herrlichkeit wird so zum Schlüsselbegriff für das Verständnis christlicher Sendung, wie die frühe Kirche dies verstand. Davon können wir uns selbst überzeugen, wenn wir beispielsweise den zweiten Korintherbrief lesen. Alle Zitate der nächsten zwei Absätze sind jenem frühen Dokument entnommen. Der Begriff Herrlichkeit wird hier über ein Dutzend Mal wiederholt. Das Wesen, das Ziel und die Methode christlichen Zeugnisses in der Welt werden hier klar gemacht. Und alles dreht sich um die Herrlichkeit.

Was ist denn in ihrem Wesen unsere Berufung als Christen? Sie ist »ein Dienst der Versöhnung« (5,18) durch »das Evangelium von der Herrlichkeit Christi, der da ist das Bild Gottes« (4,4). Und was ist das Ziel dieses Dienstes? »Damit die Gnade sich mehre durch die Zahl (der Begnadeten) und so die Danksagung sich steigere zur Herrlichkeit Gottes« (4,15). »Und wer ist dazu fähig?« (2,16) fragt der Apostel, für diesen »Dienst der Gerechtigkeit überreich an Herrlichkeit« (3,9). Die Antwort lautet: »Wir alle« (3,18). »Unsere Befähigung stammt aus Gott« (3,5). Und warum? »Denn Gott, der da sprach:

›Aus Finsternis soll Licht aufleuchten‹, er ist in unseren Herzen aufgeleuchtet, damit erstrahle die Erkenntnis der Herrlichkeit Gottes, die auf dem Antlitz Christi ist« (4,6).

Die entscheidende Frage aber ist die der Methode. Wie soll unsere Mission vollbracht werden? Darauf erhalten wir eine Antwort, die in einem einzigen Vers unerschöpflich reich ist: »Wir alle aber, die wir mit unverhülltem Angesicht die Herrlichkeit des Herrn widerspiegeln, werden in das gleiche Bild verwandelt von Herrlichkeit zu Herrlichkeit« (3,18). In den zwei Teilen dieses entscheidenden Verses werden die zwei Aspekte dieser einen Berufung nebeneinander gestellt: verwandelnde Vision und visionäre Verwandlung. Das Band zwischen diesen beiden ist die in Christus sich widerspiegelnde göttliche Herrlichkeit. Er ist »das Bild Gottes« (4,4), nach dessen Abbild wir geschaffen wurden. Das ist der Grund, warum jeder von uns ihn gläubig im Spiegel des eigenen Herzens entdecken kann. Herz und Kosmos spiegeln aber ein und dasselbe Vorbild der Verwandlung wider. Die Christuswirklichkeit ist Urbild und Vorbild. Das ganze Universum ist dazu bestimmt, göttliche Schönheit in Natur und Geschichte widerspiegelnd zu verwirklichen. Weil die Gläubigen in Christus Gottes Wort entdeckten, Gottes Weisheit und Gottes eigenes Bild, bekannten sie, daß »in ihm alles geschaffen ward ... durch ihn und auf ihn hin« (Kolosser 1,16). In ihm – weil er das ewige Vorbild ist, »das Bild des unsichtbaren Gottes, der Erstgeborene vor aller Schöpfung« (Kolosser 1,15). Durch ihn – weil er »der Abglanz seiner (Gottes) Herrlichkeit« (Hebräer 1,3) ist, die »in der Finsternis« scheint« (Johannes 1,5), wenn Gott am Anfang spricht: »Es werde Licht!« (Genesis 1,3). Auf ihn hin – weil die ganze Schöpfung wie ein Photo in der Dunkelkammer noch entwickelt wird, bis sich der volle Glanz göttlicher »Herrlichkeit (...) an uns offenbaren wird« (Römer 8,18). Jetzt schon ist jeder Mensch »Bild und Abglanz Gottes« (1. Korinther 11,7). Unsere Verwandlung »von Herrlichkeit zu Herrlichkeit« (2. Korinther 3,18) kann als eine immer herrlichere Erfüllung von Gottes Willen »im Himmel, wie auf Erden« aufgefaßt werden. Den gleichen Vorgang kann man aber auch als eine dem Vorbild immer treuere Widerspiegelung von Gottes Schönheit verstehen.

Schönheit verwandelt den Betrachter. Schönheit wirkt anziehend. Sie zieht dich auf ihre Seite. Selbst Güte und Wahrheit können das menschliche Herz nicht völlig gewinnen, wenn sie nicht mit einer Anmut und Leichtigkeit ausgestattet sind, die sie schön sein lassen. Man denke an jede beliebige Periode der Geschichte. Wer ist heute noch von den Argumenten ihrer Politiker und Philosophen, ja selbst ihrer Theologen angesprochen? Aber man denke an die Dichter der gleichen Zeit, oder man höre ihre Musik! Wir haben ein nur schwaches Bild von den Hoffnungen der Kreuzfahrer. Ihre Hoffnung aber inspirierte die Kathedralen und strahlt immer noch aus jedem Bogen, jedem Sims und jeder Rosette. Betrachten wir zum Beispiel die große Fensterrose von Chartres, dann wissen wir einfach, was gemeint ist, wenn es heißt: »wir jauchzen in Hoffnung auf die Herrlichkeit Gottes« (Römer 5,2). Aber selbst in ihrer unzulänglichsten Verwirklichung vermittelt Schönheit noch das Versprechen unbegrenzter Erfüllung.

Schönheit ist nutzlos, überflüssig wie alle großartigen Dinge im Leben. Ist nicht das Universum selbst ein völlig überflüssiges Feuerwerk von Gottes Herrlichkeit und *gerade deshalb* von unschätzbarem Wert? Nützliche Dinge sind ihren abschätzbaren Preis wert. Wer aber kann den Wert eines Gedichts in Mark und Pfennig abschätzen? Wer kann an einen Kuß ein Preiszettelchen hängen? Wenn uns Gottes überflüssige Herrlichkeit wirklich das Wichtigste wäre, würden wir dann das Überflüssige und völlig Nutzlose auf unsere seltenen Mußestunden verbannen? Vielleicht werden wir lernen müssen, daß das Nutzlose unsere allerbeste Zeit verdient. In der Rangordnung wichtiger Dinge steht das Überflüssige an höchster Stelle. Das Notwendige verschafft sich schon selbst genügend Aufmerksamkeit. Mit der rechten Rangordnung ernstzumachen, könnte sich als eine wesentliche drastischere Verwandlung durch Gottes Herrlichkeit herausstellen, als wir mitzumachen bereit sind. Es könnte unser Wertesystem völlig auf den Kopf stellen. Wenn Jesus sagt: »Betrachtet die Lilien« (Matthäus 6,28), dann ist das eine Einladung an jeden einzelnen von uns, Schönheit in all ihrer Nutzlosigkeit ernstzunehmen. Was mag das für unser tägliches Leben bedeuten?

Für den Ästheten bedeutet das Betrachten jener Lilien keinerlei Risiko. Es wird in seinem Herzen keinen Wandel verursachen. Er hat eine sterile Art des Sehens entwickelt; er beansprucht das Vergnügen, aber er gibt dafür nichts her, und schon gar nicht sein Herz. Im Augenblick aber, da wir diesen Lilien unser Herz schenken, geschieht etwas Überraschendes. Wir meinten die Lilien zu betrachten, doch plötzlich betrachten die

Lilien uns. Rilke fängt diese Erfahrung in seinem Gedicht »Archaischer Torso Apollos« ein. Er verwendet vierzehn Zeilen, um uns das Gefühl zu geben, wir betrachteten die Skulptur, die er eher vor uns hinstellt, als sie beschreibt. Wir sind ganz Auge. Plötzlich kehrt der Dichter die Perspektive um und sagt: »da ist keine Stelle,/die dich nicht sieht.« Unvermittelt endet das Gedicht nun mit: »Du mußt dein Leben ändern.« Die Lilie schaut dich an, und jedes einzelne Blütenblatt wird zu einer Zunge, die dich schweigend herausfordert.

Mit dieser Herausforderung beginnt die Verwandlung unserer Welt. Sobald wir uns der Herausforderung der Schönheit stellen und das Wagnis auf uns nehmen, schlägt uns die Verwandlung in ihren Bann. Dies beginnt mit einem Wandel in unserem Herzen und geht dann seinen Weg bis zur Umwandlung selbst der sozialen Ordnung, ja bis zur Transformation der Materie.

Der Ästhet ist zu blasiert, um auf dieses Wagnis einzugehen. Der Weltverbesserer ist zu beschäftigt. Er hat keine Zeit für Blumen. Mit sechs Zungen ruft uns die Herrlichkeit Gottes aus jeder blühenden Lilie zu: »Halt inne und schau!« Oder, in den Worten des Psalms: »Laßt ab und erkennt« (Psalm 46,10). Aber der allzeit Beschäftigte versteht die Sprache ihrer stillen Redegewandtheit nicht. Er rennt weiter: »Tut mir leid, lilisch spreche ich nicht.« Seine Ohren klingeln vom Lärm seiner eigenen Projekte, Ideen und guten Absichten.

Während der Ästhet in uns sich im fruchtlosen Schauen verliert, hält den Weltverbesserer in uns aktivistischer Leerlauf im Bann. Beiden gegenüber steht der Mensch der Hoffnung mit offenen Augen und aufgerollten Hemdsärmeln. Hoffnung ist die Tugend, die uns aus der doppelten Falle von untätiger Schau und blindem Aktivismus befreit. Der Ästhet und der allzeit Beschäftigte sind auf entgegengesetzte Weise verzweifelt. Der eine verzweifelt an der Macht der Tat und betrinkt sich an der Schau. Der andere ertränkt seine verzweifelte Suche nach sinngebender Schau in bloßer Aktivität. Hoffnung aber bringt uns zurück zum Angelpunkt kontemplativer Transformation: zur Herrlichkeit.

Herrlichkeit ist Same und Ernte der Hoffnung, ihr erster Funke und ihr letztendlicher Glanz. Als die ersten Christen versuchten, »die frohe Botschaft, die jetzt jedem Geschöpf unter dem Himmel verkündigt wird« zusammenzufassen, da waren Hoffnung und Herrlichkeit unverzichtbare Schlüsselworte. Als sie es unternahmen, »das Geheimnis, das seit Weltzeiten und Menschengeschlechtern verborgen war, nun aber (...) offenbart wurde«, auf einen Nenner zu bringen, da drückten sie es so aus: »Christus in euch, die Hoffnung auf Herrlichkeit« (Kolosser 1,23–27). Sie nennen es Gottes »Geheimnis unter den Völkern«, ein göttlicher Entwurf, wenn du so willst, für soziale Transformation. Aber diese »Hoffnung auf Herrlichkeit« ist nicht als ein geheimgehaltener Bauplan aufzufassen. Sie ist das innerste Geheimnis der Welt, ist wie die Hefe im Teig. Und der Apostel spricht von ihr als Gottes »Kraft, die machtvoll in mir wirkt« (Kolosser 1,29).

Sich selbst der verwandelnden Kraft des »Christus in uns« hinzugeben, setzt Selbstannahme voraus. Gott nimmt dich an, so wie du bist, denn Gott blickt in dein innerstes Herz und findet dort Seine eigene Herrlichkeit – Christus – wie von einem Spiegel reflektiert. Wenn wir es dankbar annehmen, daß Gott uns annimmt, wie wir sind, dann können wir uns auch selbst annehmen. Das ist auch die eigentlichste Gebärde des Glaubens, des Vertrauens auf den Geber, von dem wir alles, sogar uns selbst, empfangen. Es ist zugleich auch die eigentlichste Gebärde der Hoffnung, unserer Offenheit für Überraschungen, einschließlich all der Überraschungen, die sich aus unseren eigenen unerwarteten Möglichkeiten ergeben. Das Selbst dieser Selbstannahme ist »Christus in uns.« In *Four Quartets* nennt T.S. Eliot das:

Ein Zustand vollendeter Einfalt
(Der nicht weniger kostet als alles)
Und alles wird gut sein,
Und jederlei Ding wird gut sein...

Aber bevor jederlei Ding gut sein wird, steht uns die schmerzhafteste Prüfung unserer Hoffnung noch bevor. Dieser Prüfung müssen wir uns dann stellen, wenn die eine Hoffnung unserer gemeinsamen Berufung (cf. Epheser 4,4) zu einander widersprechenden Hoffnungen im einen Leibe Christi führt. Ein Beispiel dafür sind die Auseinandersetzungen zwischen aufrichtigen Christen im heutigen Lateinamerika, wo es um Hoffnung, Hoffnungen und soziale Veränderung geht. »Denn es muß ja wohl Spaltungen unter euch geben«, sagt Paulus, »damit die Erprobten unter euch erkennbar werden« (1. Korinther 11,19). Unsere begrenzte Schau läßt begrenzte Hoffnungen entstehen. Und diese Hoffnungen müssen aufeinanderprallen, auf daß Gottes allumfassender Plan daraus hervorgehe. Das ist der Grund, warum wir uns nicht an unsere Hoffnungen klammern dürfen, auch wenn wir für sie zu sterben bereit sind. Es gibt kein größeres Leid als diesen Zwiespalt im Leibe Christi. Leiden aber gibt uns Gewicht, jenes Gewicht, ohne das Herrlichkeit nur fadenscheinige Pracht wäre.

Wenn Hoffnungen um der einen überragenden Hoffnung willen mit Hoffnungen zusammenstoßen, dann wird offensichtlich, in welchem Sinne wir uns »rühmen im Kreuze unseres Herrn Jesus Christus« (Galater 6,14). Das Kreuz ist uns ja nicht juwelenbesetztes Zeichen des Triumphs, sondern unser eigenes, äußerst reizloses Leid – Martin Luther Kings, Karen Silkwoods, Oscar Romeros, dein eigenes. Die Flugbahn der Hoffnung ist keine ungestörte Kurve »von Herrlichkeit zu Herrlichkeit«. Sie führt durch das Paradox des Kreuzes. Das Kreuz ist selbst Zeichen inneren Widerspruchs, Zeichen des Unvereinbaren. Seine zwei Linien kreuzen sich im Konflikt wie aufeinanderstoßende Hoffnungen. Das Kreuz steht für jene Kollision, in der unsere Hoffnungen untergehen müssen, auf daß am dritten Tage Hoffnung auferstehen kann. Der auferstandene Herr sagt zu seinen entmutigten Jüngern: »Mußte nicht der Messias all dies leiden und so in seine Herrlichkeit eingehen?« (Lukas 24,26).

»Heil, heiliges Kreuz, einzige Hoffnung du«, singt eine alte christliche Hymne. »O crux ave, spes unica!« Wie kann denn das Kreuz Zeichen der Hoffnung sein und nicht eher der Hoffnungslosigkeit? Als Jesus am Kreuze hing, waren alle seine Hoffnungen zerbrochen. Warum war es »nötig«, daß Jesus all dies erleiden mußte? Weil wir unsere Hoffnungen auf das gründen, was wir uns vorstellen können. Hoffnung aber ist offen für das Unvorstellbare. »Kein Auge hat gesehen, kein Ohr gehört, was Gott vorbereitet hat.« So müssen denn unsere verzweifelten kleinen Hoffnungen durchkreuzt werden, um Platz zu schaffen für die überragende Überraschung, »den Gott der Hoffnung«, dessen Einbrechen in unser Leben Tod und Auferstehung bedeuten.

Ein Freund, der das Manuskript für mich las, schrieb an dieser Stelle an den Rand: »Gib Beispiel aus Lebenserfahrung.« Ein wohlgemeinter Rat, aber streng genommen eine unmögliche Aufgabe. Erfahrung des Lebens, wie wir es kennen, liefert für Gottes Einbrechen keine Beispiele, denn jenes Ereignis ist immer Todeserfahrung. Seine andere Seite freilich heißt Auferstehung. Auferstehung aber ist nicht Wiederbelebung, Überleben oder Wiedererweckung. Auferstehung ist nicht Rückkehr in dieses Leben des Todes. Was wäre das schon wert? Auferstehung ist ein Hineingehen in den Tod und ein Hindurchgehen, hinein in eine Fülle jenseits von Leben und Tod, wie wir sie kennen. Von unserem Ufer aus betrachtet, ist der Tod einfach das Sterben. Es sei denn, wir steigern unsere Hoffnungen zur Fata Morgana. Hoffnung tut das nicht. Sie schaut dem Tod direkt ins Gesicht, schaut geradewegs hinein in das weitoffene Tor der Überraschung.

Am Ostermorgen verkündet der Engel die Auferstehung Jesu nicht, indem er sagt: »Hier ist er; er kehrte ins Leben zurück!« Nein. Auf diese Weise nach ihm zu suchen hieße, den Lebenden unter den Toten zu suchen. Hier ist er nicht. Er lebt nicht mit dem Leben, das wir kennen und das dem Tode näher ist als wahrem Leben. »Er ist auferstanden«, heißt die frohe Botschaft, und: »Er ist nicht hier.« Alles, was wir aus dieser Perspektive sehen können, ist, daß die Grabkammer offen und leer ist, ein passendes Bild für weit offene Hoffnung.

Hoffnung teilt die Zweideutigkeit vom Kreuze Jesu. Hoffnung ist eine Leidenschaft für das Mögliche. Das »Leiden« gibt dem Wort »Leidenschaft« im Licht des Kreuzes Jesu eine neue Bedeutung. Hoffnung, als Leidenschaft für das Mögliche, fordert leidenschaftliche Hingabe an das Mögliche ebenso, wie das

Leiden für seine Verwirklichung. Nur Geduld kann diese Doppelaufgabe leisten. Mütterliche Geduld ist die Leidenschaft der Hoffnung. Und da Geduld ebenso ansteckend ist wie Ungeduld, gibt sie uns die Möglichkeit, einander in der Hoffnung zu stärken. Geduld verlangt Leidenschaft für unsere Ziele, ja, Leidenschaft selbst für unsere Hoffnungen, für die wir bereit sein müssen zu leiden, ohne uns in sie zu verkrampfen.

Das ziellose Frommsein, nach außen unfromm
erscheinend,
Im treibenden Boot, das langsam dahinleckt...

Dieses langsame Dahinlecken, das T. S. Eliot beschreibt, kommt daher, daß für unsere Hoffnungen, die sich im Strom der Zeit bewegen, die Zeit ausläuft. Für die Hoffnung aber, die »verweilt«, erfüllt sich die Zeit auf jene Fülle hin, die sich uns jeweils hier und jetzt schenkt.

Hier wird die unmögliche Einheit
Der Sphären des Seins Ereignis.
...
Dies Ziel ist hienieden
Den meisten von uns unerreichbar,
Wir, die nur unbesiegt bleiben,
Weil wir es stets aufs neue versuchten.

Die meisten von uns sind an ein solches Übermaß von Wortgeräusch gewöhnt, daß Stille uns leicht Furcht einflößt. Sie kommt uns wie ein unendlicher leerer Raum vor. Wir blicken in seine Weite hinab, und uns wird schwindlig. Oder aber wir fühlen uns von ihr auf geheimnisvolle Weise zugleich angezogen und verblüfft. »Ich weiß nicht, was mit mir geschehen ist«, sagt da etwa jemand. »Ich habe mich immer mit meinen Gebeten wohlgefühlt, aber seit kurzem möchte ich ganz einfach in Gottes Gegenwart sein. Weder möchte ich im Gebet etwas sagen, noch etwas tun oder denken. Und selbst die Gegenwart Gottes kommt mir eher vor wie die völlige Abwesenheit von allem, was ich mir vorstellen kann. Es muß mit mir etwas nicht in Ordnung sein!« Nicht in Ordnung? Im Gegenteil! Auch diese Stille ist Geschenk Gottes. Und wenn wir sie als Ausdruck unserer Offenheit für Überraschung annehmen, dann werden wir entdecken, daß diese große Leere schon bis an den Rand mit dem Unvorstellbaren gefüllt ist.

Dies muß paradox sein, denn es bringt uns zurück zu dem Paradox von Gottes Leben in uns, dem Ausgangspunkt dieses Kapitels über Hoffnung. Im stillen Zentrum unseres Herzens begegnen wir der Fülle des Lebens als einer großen Leere. Es muß so sein. Denn diese Fülle ist größer als alles, was das Auge gesehen und das Ohr gehört hat. Nur Dankbarkeit in der Form einer grenzenlosen Offenheit für Überraschung kann die Fülle des Lebens in Hoffnung erahnen.

Liebe:
Ein »Ja« zur Zugehörigkeit

In den zwei vorangegangenen Kapiteln stellten wir fest, daß Glaube und Hoffnung immer beteiligt sind, wenn man dankbar ist. Wir sahen, daß wir dem Geber vertrauen müssen, bevor wir ihm danken können. Vertrauen dieser Art aber ist der eigentliche Kern des Glaubens. Und wir entdeckten, daß wir offen sein müssen für Überraschungen, bevor wir dankar sein können. Tief im Innern ist jedes Geschenk eine Überraschung. Offenheit für Überraschung aber ist das Wesen der Hoffnung. In diesem Sinne sind Glaube und Hoffnung zwei Aspekte des göttlichen Lebens in uns. Der häufig im gleichen Atemzug genannte dritte Aspekt ist Liebe. Auch sie ist ganz eng mit dem Danksagen verknüpft. Das Verhältnis zwischen Liebe und Dankbarkeit wollen wir nun in diesem Kapitel untersuchen.

Um an die Wurzeln von Glaube und Hoffnung zu gelangen, mußten wir einen Trick anwenden, den wir auch hier gebrauchen wollen. Wir hatten sorgfältig Glaube und Hoffnung von ihren populären Falschdeutungen zu unterscheiden. Wie wir sehen konnten, wird Glaube allzu leicht mit Überzeugungen verwechselt und Hoffnung mit Hoffnungen. Diese kleinen Verwechslungen könnten uns weit in die Irre führen. Wir denken vielleicht, daß Grundkonzepte wie Glaube, Hoffnung oder Liebe uns längst vertraut seien. Aber gerade weil sie derart grundlegend sind, müssen wir uns immer wieder neu fragen, was sie wirklich bedeuten. Jeder bemerkt, wenn das Dach unseres Hauses leck ist. Ist eine Fensterscheibe zerbrochen, dann ist der Schaden nicht zu übersehen. All das können wir reparieren, bevor größerer Schaden entsteht. Wenn aber die Grundmauern zu sinken beginnen, dann wird es ernst. Gerade diesen ernsten Schaden jedoch bemerken wir oft erst, wenn es zu spät ist. Selbst eine leichte Verschiebung kann ein Gebäude zum Einsturz bringen.

Die Verlagerungen der Betonung, die wir entdeckten, sind wohl nicht groß. Aber sie sind entscheidend. Die Gewichtsverlagerung von Hoffnung zu Hoffnungen, vom Glauben an jemand zum Glauben an etwas, ist gering. Und doch konnten wir sehen, daß Hoffnungen letztlich der Hoffnung in den Weg geraten, daß Überzeugungen den Glauben behindern können, wenn wir uns an sie klammern. Wenn wir genau hinschauen, dann entdecken wir, daß eine ähnliche Verlagerung des Schwergewichts in unserem allgemeinen Verständnis von Liebe stattgefunden hat. Tatsächlich ist das Problem hier ganz genauso gefährlich. Vielleicht ist es hier sogar gefährlicher, weil es weniger leicht zu erkennen ist. Was ist mit unserem Verständnis von Liebe geschehen? Welche Verschiebung hat bei diesem Grundkonzept stattgefunden?

Schon unsere Schwierigkeit mit dem Gebot, unsere Feinde zu lieben, weist auf das Problem hin. Wir wollen nicht vergessen, daß alles in diesem Buch an eigener Erfahrung geprüft werden will. Was hier gedruckt steht, kommt erst zum Leben, wenn es durch deine eigene Erfahrung bestätigt wird. Wenn deine Erfahrung es nicht bestätigt, dann ist es nicht wahr – zumindest nicht wahr für dich. Falls du niemals Schwierigkeiten hattest, deine Feinde zu lieben, hat, was ich darüber schreibe, dir nichts zu sagen. Den meisten von uns wird Feindesliebe jedoch nicht so leicht fallen. Schon beim bloßen Gedanken daran, unsere Feinde zu lieben, verfangen wir uns in Widersprüchen. Liebe in dem Sinne, wie wir das Wort normalerweise verstehen, ist auf unsere Feinde einfach nicht anwendbar.

In der Regel haben wir Vorliebe und Verlangen im Sinn, wenn wir von Liebe reden. Für die meisten von uns ist Liebe, im eigentlichen Sinne, leidenschaftliche Anziehung. Diese Vorstellung von Liebe braucht gar nicht erst am Gebot der Feindesliebe geprüft zu werden. Schon wenn es heißt, unsere nächsten Nachbarn zu lieben, erweist sich die Vorstellung leidenschaftlicher Anziehung als grotesk. Schon lange bevor wir die Bibel heranziehen, stellen wir fest, daß es nicht ganz ausreicht, Liebe als ein bevorzugendes Verlangen zu definieren. Diese Vorstellung trifft ja nur auf eine kleine Zahl der Fälle zu, bei denen wir von Liebe sprechen. Ganz offensichtlich trifft sie am besten zu im Falle von Geliebten. Darüberhinaus aber wird es problematisch.

Selbst für Geliebte wird die landläufige Vorstellung von Liebe immer weniger anwendbar, je mehr ihre Liebe sich entfaltet. Die Bevorzugung wird immer weniger ausschließlich; das Verlangen findet im Zusammengehören Erfüllung; und dennoch wächst ihre Liebe weiter. Wenn aber Liebe selbst im typischsten Fall nur zum Teil bevorzugendes Verlangen ist, was wird dann aus anderen Beispielen? Lieben wir unsere Eltern mit leidenschaftlichem Verlangen? Und doch lieben wir sie. Gewiß ist das Wort Liebe unter Brüdern und Schwestern angemessen. Meinen wir aber Leidenschaft, wenn wir es anwenden? Ganz offensichtlich stimmt etwas nicht an der landläufigen Vorstellung von Liebe.

Was aber ist nun schiefgelaufen? Warum geben wir dem Wort Liebe eine so enge Bedeutung, daß es schließlich nur noch bei einem Bruchteil all jener Fälle anwendbar ist, in denen wir es benutzen? Ich habe eine Theorie, die – zumindest mir – erklärt, wie es zu dieser Verengung der Vorstellung von Liebe kommt. Lange bevor wir über die Liebe nachdenken, ja lange bevor wir sprechen lernen, lieben wir. Wir lieben unsere Eltern, unsere Spielkameraden, unsere Lieblingstiere, unser Spielzeug. Was diese Beziehungen kennzeichnet, kann man kaum als leidenschaftliche Anziehung bezeichnen. Wir bemerken jene Liebe kaum. Sie ist wie die Luft, die wir atmen. Aber dann verlieben wir uns, vielleicht im Kindergarten. Dies nun ist leidenschaftliche Anziehung, zumindest in Miniaturausgabe. Und plötzlich macht jeder ein großes Trara darüber. Unsere kleinen Klassenkameraden kichern und ziehen uns auf und schreiben »Peter liebt Rosemarie« an die Wand. Und die Erwachsenen lächeln und nennen das unsere erste Liebe, als hätten wir nicht auch schon vorher geliebt. Kein Wunder, wenn uns diese Erfahrung so sehr beeindruckt, daß diese eine Form von Liebe in unserem Geist zur Norm wird, ganz gleich, ob sie paßt oder nicht.

Wenn nun bevorzugendes Verlangen eine viel zu enge Vorstellung von Liebe ist, welche wäre dann angemessener? Sofern sie auf alle Fälle zutreffen soll, sollte sie auch auf Peters Schwärmerei für Rosemarie anwendbar sein. Was ist also in Peters Erlebnis – oder in unserem eigenen, das Liebe in all ihren Formen charakterisiert. Was mag jenes Element sein? Ganz gewiß wird es von der leidenschaftlichen Anziehungskraft überschattet, die am stärksten auf uns wirkt. Aber darunter findet sich noch etwas anderes: die plötzliche Erfahrung, zu Rosemarie zu gehören, die Peter mit Freuden akzeptiert. Dieses Gefühl des Zusammengehörens ist in der Tat so überwältigend, daß es gleichsam überfließt. Jene unter uns, die in einer großen Familie aufwuchsen, werden sich erinnern, daß wir sofort Bescheid wußten, wenn eines unserer Geschwister sich verliebt hatte. Aber wie? Sie waren plötzlich zu jedem einzelnen in der Familie so freundlich. Peter wäscht ab und vergißt auch nicht, den Abfalleimer hinauszutragen, wenn er an der Reihe ist. Das ist ein todsicheres Zeichen: Er ist verliebt. Und warum tut er das alles? Sein Zugehörigkeitsgefühl fließt über. In seiner Begeisterung drückt er es sogar seiner Familie gegenüber aus. Dieses »Ja« zum Zusammengehören werden wir in jeder Form der Liebe vorfinden.

Es wäre eine endlose Aufgabe, diese Behauptung zu beweisen. Wir können nicht jeden vorstellbaren Fall von Liebe auf das Gefühl des Zusammengehörens und das bereitwillige »Ja« dazu prüfen. Es gibt jedoch einen leichteren Weg. Vielleicht können wir uns darauf einigen, daß das Gegenteil von Liebe nicht so sehr Haß, als vielmehr Gleichgültigkeit ist. Wir wissen aus Erfahrung, daß es manchmal schwer zu entscheiden ist, ob wir jemand lieben oder hassen. Dabei geht es aber niemals um einen Menschen, der uns gleichgültig ist. Gleichgültigkeit ist ein klares »Nein« zum Zusammengehören. Weder Liebe noch Haß sind gleichgültig. Gleichgültigkeit sagt: »Interessiert mich nicht. Ich habe mit dir nichts zu tun.« Ein »Ja« zum Zusammengehören ist also ein Wesensmerkmal der Liebe, weil es der Gleichgültigkeit diametral entgegengesetzt ist.

Dieses Verständnis von Liebe können wir nun am Gebot der Feindesliebe prüfen. Jetzt sehen die Dinge schon anders aus. Die Vorstellung romantischer Liebe paßt nicht. Aber wir und unsere Feinde gehören ganz eindeutig zusammen – wenn auch nicht auf die gleiche Weise, in der wir als Freunde zusammengehören; aber ein Zusammengehören ist es dennoch. Mehr noch: Indem wir unsere Freunde aussuchen, wählen wir auch unsere Feinde. Wenn wir keine Feinde haben, dann vielleicht deshalb, weil wir nie den Mut hatten, uns wirklich für Freunde zu entscheiden. Das Gebot, unsere Feinde zu lieben, setzt voraus, daß wir Feinde haben. Wie sonst sollten wir sie lieben? Gott selbst hat Feinde. »Wie ja geschrieben steht: Jakob habe ich geliebt, Esau aber gehaßt« (Maleachi 1,2 f; Römer 9,13). Und doch ist Gott die Liebe selbst. Wenn der Psalmist Gottes Feinde zu seinen eigenen macht, dann singt er: »Ja, hassen will ich sie mit glühendem Haß« (Psalm 139,22). Glühender Haß behandelt Feinde vielleicht mit Empörung, mit Festigkeit, ja selbst mit List. Aber er wird sie immer mit Geduld, mit Respekt, mit Fairneß behandeln. Er wird die menschliche Verbindung mit dem Feind niemals abreißen lassen. Wenn wir das Wort »Haß« von jedem Beigeschmack von Gleichgültigkeit befreien, dann können wir sagen: Glühender Haß ist liebender Haß. Er stellt sich klar und fest gegen seine Feinde, ohne aber jemals zu vergessen: Wir gehören zusammen. Was immer ich dir antue, das tue ich mir letztlich selbst an.

Es ist das Konzept des Selbst, das sich ausdehnt, wenn wir schließlich verstehen, was Liebe wirklich bedeutet. Die gegenwärtige Vorstellung von Liebe identifiziert unser Selbst mit unserem kleinen individualistischen Ich. Dieses kleine Ich übersetzt »Liebe deinen Nächsten wie dich selbst« in eine unglaubliche Folge geistiger Saltomortale. Schritt eins: Stelle dir vor, du seist jemand anders. Schritt zwei: Sieh zu, daß du leidenschaftliche Anziehung für jenen anderen zuwege bringst, der du eigentlich selber bist. Schritt drei: Versuche für jemand, der wirklich jemand anders ist, die gleiche leidenschaftliche Anziehung zu empfinden, die du für dich selbst empfunden hast (sofern das der Fall war), als du dir vorstelltest, du seist jemand anders. Ist das nicht ein bißchen viel verlangt? Und doch ist das Gebot, richtig verstanden, so einfach: »Liebe deinen Nächsten als (wie) dich selbst.« Das heißt: Erkenne, daß dein Selbst nicht auf dein kleines Ich begrenzt ist. Dein wahres Selbst bezieht deinen Nachbarn mit ein. Ihr gehört zusammen – und zwar radikal zusammen. Wenn du weißt, was Selbst bedeutet, dann weißt du, was Zusammengehören bedeutet. Es ist nicht weiter anstrengend, zu dir selbst zu gehören. Ganz spontan sagst du in deinem Herzen »Ja« zu dir selbst. Im Herzen aber bist du eins mit allen anderen. Dein Herz weiß, daß dein wahres Selbst deinen Nächsten einbezieht. Liebe bedeutet, daß du mit ganzem Herzen zu diesem wahren Selbst »Ja« sagst – und dann entsprechend handelst.

Zugehören ist immer etwas Gegenseitiges. Das ist selbst dann wahr, wenn es um Dinge geht. Wir neigen leider dazu, unsere Beziehung zu den Dingen, die uns gehören als einseitiges Besitzverhältnis zu betrachten. Das färbt unsere Liebe zu Dingen. Es gibt ihr die falsche Farbe. Richtig aufgefaßt ist auch die Liebe zu Dingen, ein »Ja« zum gegenseitigen Zusammengehören, ganz gleich, ob wir uns dessen bewußt sind oder nicht. Du magst vielleicht denken, daß dein Auto dir lediglich so zugehört, daß du es besitzt, daß es deinen Bedürfnissen dient. Aber das Auto weiß es besser. Es wird dir nur solange dienen, wie du seinen Bedürfnissen dienst und es pflegst. Das beinhaltet Gegenseitigkeit: »Ich bringe dich dort hin, wenn du für meinen Ölverbrauch sorgst.« Wenn du dein Auto wirklich liebst, dann wirst du auf seine Bedürfnisse achten. Du wirst intuitiv erfassen, daß ihr zwei zusammengehört. Liebe nimmt dieses gegenseitige Dazugehören ernst. Liebe kümmert sich, selbst um Dinge.

Natürlich kennt dieses gegenseitige Zusammengehören verschiedene Grade von Tiefe und Nähe. Auf der Ebene der Gegenstände verlangt es uns am wenigsten ab. Die Bindung kann hier auch leicht wieder gelöst werden. Mein Schweizer Taschenmesser stellt nur wenige Anforderungen am mich, gemessen an den ausgezeichneten Diensten, das es mir leistet. Und sollte ich es verlieren, dann dürfte es jedem, der es findet, leichtfallen, sein glücklicher Besitzer zu werden. Die Pflanzen, die ich aufgezogen habe, würden schon nicht so leicht mit jemand anders zurechtkommen. Und wenn es um deinen verlorenen Hund geht, dann erkennst du, daß wir es mit einer wesentlich tieferen Ebene gegenseitigen Zusammengehörens zu tun haben. Es dürfte schwer zu sagen sein, wer den Verlust tiefer empfindet, du oder der verlorene Hund. Meine kleine Nichte schickte ihrem Pudel eine Ansichtskarte aus den Ferien, die sie mit »Lisa, deine Besitzerin« unterschrieb. Der Pudel aber läßt nie einen Zweifel aufkommen, daß er sich als Lisas Besitzer empfindet, so wie das Schwein in Denise Levatows herrlichem Gedicht, das die Familie »meine Menschen« nennt.

Unter Menschen kann gegenseitiges Zusammengehören offensichtlich eine Intensität erreichen, die weit über das hinausgeht, was wir mit Dingen, Pflanzen oder Tieren erleben. Und hier dürfte es auch am angemessensten sein, von Liebe zu reden. Tatsächlich bestehen einige Leute darauf, daß das Wort »Liebe« auf unser Verhältnis zu Menschen und zu Gott beschränkt werden sollte. Aber ich habe eine Beobachtung gemacht. In meinem Bekanntenkreis haben gerade jene, die pedantisch zwischen lieben und gernhaben unterscheiden, oft wenig Gespür dafür, daß Zusammengehören immer gegenseitig ist. Die gleichen Leute finden es schwierig, sich unsere Beziehung zu Gott als wirklich gegenseitig vorzustellen.

Ich muß zugeben, daß ich es selbst lange Zeit für irgendwie anmaßend hielt, Gott im Gebet als »mein« Gott anzusprechen. Damals war Besitz noch die einzige Bedeutung, die »mein« für mich hatte. Und Besitz bedeutete für mich Besitzrecht ohne irgendeinen Gedanken an die Pflichten, die damit untrennbar verbunden sind. Langsam aber gelangte ich zu der Erkenntnis, daß ich selbst irgendwie zu allem gehöre, das mir gehört, daß Gehören ein Geben-und-Nehmen bedeutet. Vielleicht kam mir diese Einsicht mit der Entdeckung, daß die Tomatenpflanzen in der Ecke meines Gartens verwelken würden, wenn ich vergessen sollte, ihnen Wasser zu geben; daß meine weiße Maus darauf bestand, gefüttert zu werden, da sie sonst an Dingen zu knabbern begann, die ich ihr nicht geben wollte; ja daß selbst meine Rollschuhe eine gewisse Fürsorge von mir verlangten. Und ich entdeckte noch etwas anderes: Dinge gehören mir um so mehr, als ich ihnen gehöre. Das kleine Wort »mein« bedeutet mehr, wenn es auf meine Taube bezogen ist, als wenn damit meine Schuhe gemeint sind, und noch mehr, wenn es sich auf die

Gruppe von Freunden bezieht, zu denen ich gehöre. Wenn ich Gott uneingeschränkt gehöre, dann folgt daraus, daß Gott mir auch uneingeschränkt gehört. Auf alles andere bezogen, ist das »mein« eingeschränkt. Seitdem mir das klar geworden ist, hat »mein« für mich nur dann seinen vollen Klang, wenn ich »mein Gott« sage.

Dies sagt mir ein Weiteres über das Wort »mein«. Es zeigt mir, daß »mein« um so passender wird, je weniger es Ausschließlichkeit bedeutet. Ich möchte es anders ausdrücken: Je mehr etwas wirklich mein ist, desto weniger ist es *nur* mein. Wir erkennen das in jenen Augenblicken, in denen wir ganz besonders wach und lebendig sind, in Momenten, in denen wir Gott ahnen. Dann erleben wir totale Zugehörigkeit. Einen Augenblick lang wissen wir einfach, daß alles uns gehört, weil wir allem angehören. Im Licht jener Erfahrung können wir aus ganzem Herzen sagen: »Alles ist mein.« Aber »mein« ist dann ganz und gar nicht ausschließlich gemeint. Es kommt aus dem Herzen, wo jedes mit allem eins ist. Das Herz sagt »Ja« zu diesem universellen Zusammengehören und weiß sofort, daß »Ja« ein Name Gottes ist. Für mich wirft diese Einsicht neues Licht auf die Wahrheit: »Gott ist die Liebe« (1. Johannes 4,8).

Momente, in denen wir dies erleben, sind Schlüsselmomente für das Verständnis dessen, was Fülle des Lebens bedeutet. Darum müssen wir auch dann und wann auf sie zurückkommen. Sie sind zugleich Momente überwältigender Dankbarkeit. Wir haben das schon früher erkannt, aber jetzt sind wir in einer besseren Lage zu verstehen, warum das so ist. Ganz am Anfang unserer Untersuchung von Dankbarkeit entdeckten wir schon, daß das »Ja« zur gegenseitigen Abhängigkeit zwischen Geber und Empfänger der springende Punkt ist. Schenken und Danken dreht sich um den Angelpunkt dieses »Ja«. Geber und Empfänger werden im Danksagen eins. Und das »Ja« zu ihrem Zusammengehören ist nichts anderes als das »Ja« der Liebe. Wir haben gesehen, wie schwer es in unserem täglichen Leben manchmal ist, das »Ja« der Dankbarkeit auszusprechen. In Augenblicken jedoch, wenn unser Herz voller Lebendigkeit schlägt, erfahren wir die gegenseitige Abhängigkeit von allem mit allem als

Freiheit, als Freude, als Erfüllung. Unser Herz erhascht einen flüchtigen Blick unseres wahren Zuhause. Zuhause aber nennen wir den Ort, wo jeder von jedem abhängt. Kein Wunder, wenn ein »Ja« aus unserem Herzen hervorbricht wie ein Stoßseufzer der Erleuchtung, der Befreiung, des Heimkommens. Es ist, als wären wir in die ganze Welt verliebt.

Verliebt? Da sind wir wieder bei Peter und Rosemarie, bei der Erfahrung, sich zu verlieben. Jetzt können wir sehen, welche Rolle das Sichverlieben in unserem Leben spielen soll. Es soll uns die Augen öffnen. Liebe macht blind, heißt es. Das stimmt. Eine ganz angenehme teilweise Blindheit überfällt uns, wenn wir uns verlieben. Aus einer anderen Perspektive aber öffnet die Liebe uns die Augen. Plötzlich erkennen wir den Segen des Zusammengehörens. Und ganz tief in uns ist das Gefühl der Zugehörigkeit allumfassend. An der Oberfläche bezieht es sich vielleicht nur auf das begrenzte Objekt unserer Vernarrtheit, jenes bezaubernde Geschöpf mit Sommersprossen. Aber es ist, als sei wenigstens ein kleines Fenster mit Blick auf eine weite Landschaft geöffnet worden. Das ist ein Anfang. Halten wir nur Herz und Augen offen, dann werden wir früher oder später eine völlig neue Welt entdecken. Gehen wir dem nach, wovon wir nur einen kurzen Blick erhaschten, als wir uns verliebten, dann werden wir wachsen in Liebe, in Dankbarkeit, und damit in Lebendigkeit.

In Liebe wachsen heißt, in immer weiteren Kreisen jenes »Ja« zu verwirklichen, das unser Herz auf Gipfelpunkten des Lebens mit solcher Überzeugung ausspricht. Aber das ist keine einfache Aufgabe. Das Verlieben geht von selbst; zu den Höhen der Liebe aufzusteigen ist schwerer. Das verlangt nicht weniger an Ausdauer, Aufmerksamkeit und Genauigkeit, als die aufsteigenden Spiralen des Turmfalken, des »Falken in seinem Flug«, der Gerard Manley Hopkins zu einem seiner schönsten Gedichte veranlaßte. In der Liebe zu wachsen erfordert Präzision und Aufmerksamkeit, weil wir bereit sein müssen, uns jederzeit dem zu stellen, was unser »Ja« verlangt. Das heißt, wir müssen bereit sein, auf Unvorhersehbares schnell und sicher zu antworten. Es verlangt Ausdauer, dem Sturmwind zu widerstehen, sich zusammenzureißen, wenn Gleichgültigkeit uns zu überwältigen droht.

Sich zu verlieben ist kaum mehr als ein Anfang des Liebens. Die Ahnungen unserer großen, seligen Zugehörigkeit stellen Anforderungen. Durch das Ausreifen unserer Beziehungen zu anderen müssen wir zu unserer vollen menschlichen Größe heranwachsen. Nur von der Liebe beflügelt können wir diese Herausforderung annehmen.

Das Bild eines großen Vogels, der auf ausgebreiteten Schwingen in die Höhe steigt, ist Sinnbild der Willensanspannung. Wenn in der christlichen Tradition von Liebe die Rede ist, dann liegt die Betonung auf unserem Willen und nicht auf unseren Gefühlen. Das zeigt uns wieder, daß die Idee leidenschaftlicher Anziehung irrig ist, wenn es um das Wesen von Liebe geht. Liebe ist wesentlich kein Gefühl, sondern eine frei gewählte Haltung. Nur deshalb kann das »Du sollst lieben« ein Gebot sein. Niemand kann uns befehlen, so oder so zu fühlen. Gefühle lassen sich nicht von Geboten beeinflussen. Auch unsere Gedanken nicht. Nur unser Wille kann gehorchen. Und wenn unser Wille sich intensiv bemüht, die Trägheit der Gleichgültigkeit zu überwinden, dann wird er auch unser Denken und Fühlen Schritt für Schritt mit sich ziehen.

»Du sollst lieben« ist ein Gebot, das uns zu drei Schritten auffordert: erst zum »Ja« der Zugehörigkeit; dann zum Nachdenken, was dieses »Ja« bedeutet; und schließlich dazu, diesem »Ja« entsprechend zu handeln. Ein Schritt führt zum nächsten. Haben wir erst einmal mit voller Überzeugung »Ja« gesagt, dann werden wir uns auch über jene informieren, denen wir zugehören. Das schließt auch unsere ausgebeuteten Brüder und Schwestern zu Hause und überall auf der Welt mit ein. (Vielleicht entdecken wir sogar, daß wir zu denen gehören, die sie ausbeuten.) Es schließt die Robben in Grönland und die Äffchen in unseren Laboratorien mit ein. Ebenso die Regenwälder. »Du sollst lieben« verlangt von mir auch all die notwendige Mühe herauszufinden, was ich persönlich tun kann. Ganz gleich, wie wenig es sein mag, irgendetwas kann ich immer tun. Und damit bedeutet »Du sollst lieben« auch, ohne Zögern zu tun, was ich tun kann. Mit meinem »Ja« habe ich all dies willig auf mich genommen.

Diese willige Antwort der Liebe ist eine dankbare Antwort. Auch hier treffen Liebe und Dankbarkeit aufeinander. Wenn Liebe mit »Ja« antwortet, dann ist das nicht mit der hektischen Reaktion der Weltverbesserer zu verwechseln, die für ihren Dienst Dank erwarten. Der Dienst wahrer Liebe ist selbst ein Dank für die Gelegenheit, dienen zu dürfen. Er entspringt einem tiefen inneren Zuhören, einer Offenheit für alles, was ein gegebener Moment enthält. Er entspringt der Sorge um alle, denen wir uns zugehörig wissen. Jeder Augenblick ist ein Geschenk. Das haben wir bereits gesehen. Jetzt aber wird es deutlich, daß das Geschenk in jedem Geschenk die Gelegenheit ist. Meistens ist es die Gelegenheit, sich am gegebenen Augenblick zu freuen; manchmal auch die Gelegenheit, geduldig zu ertragen, was nicht zu ändern ist; aber ebenso kann es die Gelegenheit sein, aufzustehen und etwas zu unternehmen. »Auf starken Fittichen schwingt sich die Liebe zu jeder Gelegenheit auf und erweist ihr damit ihren Dank.« Wenn wir diesen Punkt übersehen, dann wird Dankbarkeit zu einer passiven und blutlosen Angelegenheit. Betrachten wir aber jeden Augenblick als Gelegenheit, aufs neue das »Ja« der Liebe auszusprechen, dann wird Liebe zur Macht, die die Welt verwandelt. Zuerst aber wird Liebe die Liebenden verwandeln.

Unsere Liebe wächst mit unserer Dankbarkeit. Ebenso wächst unsere Dankbarkeit mit unserer Liebe. Und dies ist die Verbindung zwischen den beiden: Dankbarkeit setzt voraus, daß wir bereit sind, über unsere Unabhängigkeit hinauszuwachsen und in das Geben-und-Nehmen von Geber und Dankendem einzutreten. Das»Ja« aber, das diese gegenseitige Abhängigkeit anerkennt, ist eben das »Ja« zur Zugehörigkeit, das»Ja« derLiebe. Jedesmal, wenn wir ein einfaches »Danke« sagen und es meinen, üben wir jene innere Gebärde des Jasagens. Und je häufiger wir das tun, um so leichter fällt es uns. Je schwieriger es ist, ein dankbares »Ja« zu sagen, um so mehr lernen wir, wenn wir es dennoch tun. Das wirft neues Licht auf das Leiden und andere schwierige Geschenke. Im gewissen Sinne sind die schwierigen Geschenke die besten, denn an ihnen wachsen wir am meisten. Wir wissen, daß unsere tiefste Freude dem Leben in Liebe entspringt. Der Schlüssel zu jener Freude ist das »Ja«, das Liebe und Dankbarkeit gemein ist. Danksagen ist der Rahmen, in dem sich dieses liebende »Ja« am natürlichsten einüben läßt. Das aber macht aus Dankbarkeit eine Schule, in der wir Liebe erlernen können. Aufsteigen in dieser Schule heißt lebendiger werden. Mit jedem »Ja« wird irgendeine Beziehung tiefer und umfassender. Und Lebendigkeit bemißt sich an der Intensität, der Tiefe und der Vielfalt unserer Beziehungen. Wenn Dankbarkeit in ihrer ganzen Fülle jemals erreicht werden kann, dann muß sie erfüllte Liebe und Fülle des Lebens sein.

Wachsen in dankbarer Liebe heißt Wachsen im Gebet. Liebe kennt ebenso wie Glaube und Hoffnung ihre eigene Welt des Gebets. Wir sahen, daß der Glaube sich vorwagt in eine Welt des Gebets, deren unzählige Formen immer nur eins bedeuten: »vom Worte Gottes leben.« Hoffnung öffnet sich in schweigender Erwartung einer Welt des Gebets, die noch ganz am Anfang ist, noch offen für ungeahnte Möglichkeiten: dem Gebet der Stille. Zur Liebe gehört eine Welt des Gebetes, die am Schnittpunkt von Wort und Stille steht. Das Gebet der Liebe ist das Handeln. Das Wort, im Glauben empfangen, fällt als Same in das stille Erdreich der Hoffnung und reift in der Liebe zur Ernte. Im Handeln der Liebe gibt es keine Absicht, nur die Bereitschaft, Früchte zu tragen. Und doch steht der aktive Aspekt hier so im Vordergrund, daß die Gebetswelt der Liebe den Namen »*contemplatio in actione*« trägt.

Dieser Name wird uns seltsam berühren, wenn wir uns an das Kapitel über Kontemplation erinnern. Das Handeln ist ein Grundbestandteil von Kontemplation, einer ihrer zwei Pole. Der andere Pol ist die Schau. Das »Kon« in Kontemplation schweißt Schau und Tat zusammen. Ohne durch die Tat verwirklicht zu werden, würde die Schau unfruchtbar bleiben. Das Gegenteil von Kontemplation im Handeln kann also unmöglich untätige Kontemplation sein. Das wäre ebenso ein Widerspruch wie blinde Kontemplation. Handeln gehört ebenso zur Kontemplation wie Schau. Warum also diese Hervorhebung, wenn wir von »contemplatio in actione« sprechen? Hier ist eine Erklärung. Im Gebet der Liebe ergibt sich nicht nur das Handeln aus kontemplativer Schau, sondern eben diese Schau entspringt ihrerseits kontemplativem Handeln. Hier bietet sich eine Parallele aus unserer alltäglichen Erfahrung an. Manchmal möchtest du etwas tun, aber du sagst dir: »Ich sehe nicht ein, worum es da geht.« Dann versuchst du es doch, und im Tun siehst du, worum es geht. Siehst du? Dieses »Sehen« läßt uns wenigstens ahnen, daß Schau aus dem Handeln entspringen kann, letztlich selbst die Schau von Gottes Herrlichkeit.

Jede echte Form von Kontemplation bemüht sich darum, ihre Schau in die Tat umzusetzen. Aber nicht immer entspringt die Schau unserem tätigen Einsatz. Häufig verlangt unsere Suche nach Sinnschau, daß wir aus jeder zweckgebundenen Tätigkeit aussteigen. Für die Gebetswelt der Liebe jedoch ist das Einsteigen in kontemplatives Handeln kennzeichnend. Das soll nicht heißen, daß kontemplatives Aussteigen untätig sei oder der Liebe entbehrt. Ganz und gar nicht. Aber das »Ja« zum Zusammengehören macht die Liebe zu dem, was sie ist. Und dieses »Ja« beinhaltet Verfügbarkeit für den Einsatz. Es ist daher am leichtesten, die Liebe in der Kontemplation dann zu entdecken, wenn das Sicheinsetzen besonders betont wird. Stelle dir vor, du möchtest ein Bild von einem Bleistift zeichnen. Höchstwahrscheinlich wirst du zwei parallel verlaufende Linien ziehen und vorne eine Spitze hinzufügen. Aber ebenso gut könntest du einen kleinen Kreis zeichnen mit einem Punkt in der Mitte. Das ist die Frontalansicht eines Bleistifts. Front- und Seitenansicht zeigen den gleichen Gegenstand. Aber die eine Darstellung ist viel leichter zu erkennen. Darum nennen wir die Kontemplation im Handeln die Gebetswelt der Liebe. Liebe ist in ihr am leichtesten zu erkennen.

»Contemplatio in actione« drückt recht deutlich aus, was wir meinen: Kontemplation *im* Handeln, nicht nur *während des* Handelns. Nur ein feiner Unterschied, aber er wird uns helfen, noch genauer zu definieren, was hier gemeint ist. Meine Mutter strickt alle möglichen Pullover für ihre Kinder und Enkelkinder, jetzt sogar für ihre vier Urenkelkinder. Und während sie das tut, betet sie gerne den Rosenkranz. Das ist Kontemplation *während* des Handelns. Während sie strickt, betrachtet sie die Rosen-

155

kranzgeheimnisse, und ihr Glaube nährt sich daran. Sie tritt ein in die Welt des Gebets, die für den Glauben kennzeichnend ist. Sie lebt von Gottes Wort. Aber sie betritt auch die Welt des Gebets der Liebe, einfach weil sie trotz der arthritischen Schmerzen in ihren Fingern liebevoll strickt. Dadurch versteht sie Gottes Liebe in und durch ihr eigenes Handeln. Das ist Kontemplation *im* Handeln, ein Weg, Gottes Liebe von innen her kennenzulernen.

Dieses Beispiel zeigt ganz nebenbei, daß die Welten des Gebets sich gegenseitig einschließen. Gebet ist Gebet. Was zählt ist, daß wir beten, nicht, daß wir unser Gebet genau bezeichnen können. Zeitweise kann es jedoch hilfreich sein, wenn wir die verschiedenen Welten des Gebets auseinanderhalten können. Es gibt unter uns echte Kontemplative, die gar nicht wissen, daß sie es sind. Inmitten ihres geschäftigen Lebens praktizieren sie contemplatio in actione. Und doch sehnen sie sich nach Formen, die einer anderen Welt des Gebets angehören, anstatt sich immer mehr in der Welt zu Hause zu fühlen, in der sie ohnehin leben.

Eine Lehrerin kommt beispielsweise nach einem Schulausflug in den Zoo völlig erschöpft nach Hause. »Und den ganzen Tag lang hatte ich keine Minute Zeit zum Beten«, stöhnt sie. Nun, möglicherweise hat sie aber den ganzen langen Tag nichts anderes getan, als zu beten. Ihr Herz war der Kontemplation im Handeln hingegeben, aber ihr Kopf hat es nicht einmal bemerkt. Die Liebe, die sie voller Aufmerksamkeit für jedes einzelne Kind sorgen ließ, war die Liebe Gottes, die durch sie hindurchfloß. Indem sie sich innerlich dieser Liebe hingab, war sie den ganzen Tag mit Gott verbunden – sozusagen ein Gebet ohne Ablenkung. Sie konnte es nicht riskieren, von ihrer Aufmerksamkeit für die Kinder abgelenkt zu werden. Steckt aber ihr ganzes Herz darin, dann ist diese uneingeschränkte Aufmerksamkeit in diesem Fall ihre andächtige Aufmerksamkeit für Gott.

»Was aber, wenn ich nicht einmal an Gott denke?«, könnte man fragen. »Kann das noch Gebet sein?« Nun, atmest du noch, obwohl du nicht an die Luft denkst, die du einatmest? Dein Handeln geht weiter, obwohl du nicht darüber nachdenkst. Und in contemplatio in actione wird Gott eben durch liebendes

Handeln erfahren, nicht durch Nachdenken. Über Gott nachzudenken ist wichtig. Aber das Handeln in Gott führt zu tieferem Wissen. Liebende sind der Liebe näher als Gelehrte, die bloß über Liebe nachdenken. Wer denkt schon beim Küssen über das Küssen nach?

Während einer einfachen Tätigkeit wie Stricken – einfach für meine Mutter, nicht für mich – kann man über Gott nachsinnen und dennoch die Arbeit gut machen. Wenn deine Arbeit im Maschinenschreiben besteht, wird das schon schwieriger. Ein Gouverneur könnte sich als Gotterneur angeredet finden, aber abgesehen von Schreibfehlern kann wenig Schaden daraus entstehen. Eine Lehrerin jedoch, die zweiundzwanzig Kinder in den Zoo führt, kann nichts hinzufügen, *während* sie das tut. Sie käme sonst vielleicht mit nur einundzwanzig Kindern zurück. Sie kann nur zwischen Kontemplation *im* Handeln oder gar keiner Kontemplation wählen. Und welch herrliche Überraschung ist die Entdeckung, daß sie Gott nicht nur während, sondern in ihrem liebenden Dienst finden kann. Niemand wird durch äußere Umstände an einem kontemplativen Leben gehindert. Viele Menschen bemühen sich, ein äußerst aktives Leben andächtiger zu gestalten. Die Entdeckung der Kontemplation im Handeln könnte ihnen dies erleichtern und ihnen neuen Mut geben.

Aber auch hier ist eine Falle verborgen. Unsere Tätigkeiten entwickeln eine Art Zentrifugalkraft. Sie haben die Tendenz, uns von unserer Mitte in Randbelange zu ziehen. Und diese Zugkraft ist um so stärker, je schneller die Beschleunigungskraft unserer täglichen Tätigkeiten wirkt. Dem müssen wir entgegenwirken, indem wir uns im stillen Zentrum unseres Herzens verankern. »Meine Arbeit ist mein Gebet«, sagt da jemand. Nun, um so besser! Schließlich sollen wir »allezeit beten«. Arbeit sollte uns nicht vom Beten abhalten. Wenn aber meine Arbeit zu meinem einzigen Gebet wird, dann wird sie nicht mehr lange Gebet sein. Ihr Gewicht wird mich aus meinem Zentrum ziehen. Es ist leicht zu hören, wenn sich ein Wäschetrockner ungleichmäßig dreht. Warum hören wir es nicht, wenn das Gleiche in unserem Leben geschieht? Vielleicht sollten wir anhalten und umladen. Vielleicht ist es Zeit für Nichts-als-beten, Zeit uns freizumachen, unsere Mitte zu finden und uns von unserem Herzen her neu auszurichten. Wenn wir so wieder an unsere Arbeit herangehen, dann wird sie wirklich Gebet sein: contemplatio in actione.

Die Tradition der Shaker kennt ein Sprichwort, das die Idee der Kontemplation auf die einfachste Weise zusammenfaßt: »Die Herzen zu Gott und die Hände an die Arbeit.« Und genauso lebten die Shaker. Als Beweis dafür, daß sie etwas von Kontemplation verstanden, müssen wir uns nur einen Shaker-Stuhl anschauen. »Die Herzen zu Gott« bedeutet Aufmerksamkeit für die leitende Schau. »Die Hände an die Arbeit« bedeutet, aus jener Schau Wirklichkeit zu machen. Die unauflösliche Verwobenheit von Schau und Tat macht Kontemplation zu dem, was sie ist. In der Gebetswelt der Liebe ist die Schau eine tiefe Bewußtheit des Zusammengehörens, während das Handeln jenes Zusammengehören folgerichtig in die Tat umsetzt. Handelnde Liebe ist Ausdruck des Dankes für Einsichten der schauenden Liebe. Im Lateinischen heißt das »gratias agere«, nicht nur danken, sondern aus Dankbarkeit handeln. Mit dem Herzen Gott zugewandt, erkennt die Liebe ihre Zugehörigkeit; mit den Händen der Arbeit zugewandt, handelt die Liebe dementsprechend.

Die Römer hatten ein Wort für Liebe, das genau diese Haltung ausdrückt. Es ist das lateinische Wort *pietas*. Wir könnten es als »Familiensinn« übersetzen, eine Haltung, die dem Wissen um Zusammengehörigkeit entspringt und es entsprechend zum Ausdruck bringt. *Pietas* ist vor allem die Haltung des *pater familias*. Die Familie gehört zum Vater, von dem sie ihren Namen bezieht. *Pietas* gibt dem *pius pater* Rechte und Pflichten. Aber *pietas* ist eine Haltung, die von allen Mitgliedern des Haushalts geteilt wird und alle miteinander verbindet. Ehemann und Gattin lieben sich vielleicht auch mit Leidenschaft und Verlangen, das Band aber, das sie am stärksten und tiefsten zusammenhält, ist *pietas*. Das gleiche Band hält Brüder und Schwestern, Kinder und Eltern zusammen. Aber *pietas* bezieht auch Diener und Sklaven mit ein, jeden, der zum Haushalt gehört. Als Haushalt sind sie den Vorfahren der Familie und den

Schutzgöttern, den *lares*, verbunden durch die gleiche *pietas*, die selbst die Haustiere miteinbezieht, das Land, die Werkzeuge, den Hausrat und alles Ererbte. Unsere Sprache kennt keinen vergleichbaren Begriff. Könnten wir die Kraft des lateinischen Wortes *pietas* in unser Wort »Pietät« übertragen, das sich von ihm ableitet, dann würden unsere Vorstellungen von Mitgefühl und Hingabe sicherlich bereichert werden. Sie alle stehen im Zusammenhang mit der Vorstellung des Zusammengehörens. Ein Wort können wir nicht willkürlich wiederbeleben. Aber wir müssen das Gefühl des Zusammengehörens wiederentdecken, das das Wort *pietas* prägte.

Wie in archaischen Gesellschaften ein Fremder willkommen geheißen wird, sagt uns viel über Liebe, über Zusammengehören und über Dankbarkeit. Ein Fremder ist fremd im Sinne von unbekannt, wenn er nicht zum Haushalt gehört. Aber was unbekannt ist, ist auch fremd im Sinne von verdächtig. Jeder Fremde wird verdächtigt, ein Feind zu sein. Im Bewußtsein dieser Verdächtigung wird ein Fremder mit guten Absichten Geschenke mit sich tragen. Sie sind kein Preis, den es zu zahlen gilt, sondern ein freiwilliges Geschenk. Ob sie wohl angenommen werden? Wenn ja, dann schmiedet das Geben-und-Nehmen der Dankbarkeit ein Band gegenseitigen Zugehörens. Der Fremde ist nun ein Gast. Und Gäste gehören zum Haushalt. Gästen gegenüber besitzt das Band der *pietas* besondere Heiligkeit. Sobald wir uns dessen bewußt werden, daß jeder Fremde ein Geschenk *ist*, brauchen Fremde nicht länger durch ein Geschenkritual zu gehen, um freundlich empfangen zu werden. Wir heißen sie willkommen, und diese Gastfreundschaft des Herzens wird zu einer Feier des Bandes, das Geber und Empfänger im Dank verbindet.

Erheben wir unsere Herzen zu Gott, den wir »Unseren Vater im Himmel« nennen, dann erkennen wir, daß wir alle zu einem Haushalt gehören, der alle Geschöpfe umfaßt, zum Erdhaushalt, um es mit Gary Snyders poetischem Wort zu sagen. Und wenn wir unserer Hände Arbeit in den Dienst jenes Erdhaushalts stellen, dann wird diese kontemplative Verbindung von Schau und Tat Gottes Frieden »auf Erden wie im Himmel« verbreiten.

Die entscheidende Frage lautet: Wie groß ist unsere Familie? Wie groß ist die Reichweite unseres Zusammengehörens? Erreichen wir die entferntesten Bereiche von Gottes Haushalt? Wird sich unsere Sorge und Betroffenheit weit genug ausdehnen, um alle Mitglieder dieses Haushalts der Erde zu umfassen – Menschen, Tiere, Pflanzen, die wir immer noch als fremd betrachten? Unser aller Überleben könnte von der Antwort auf diese Frage abhängen.

Friede ist die Frucht der Liebe. Das »Ja« zu unserem Zugehören zu Gottes großem Haushalt ist der Same, aus dem sich Friede entfaltet. Das sagt auch D. H. Lawrence in einem Gedicht, das er »PAX« nennt, das lateinische Wort für »Frieden«. Es besteht eine enge Beziehung zwischen den römischen Konzepten von *pax* und *pietas*. Und dieses Gedicht dreht sich um die Beziehung zwischen den beiden.

Alles, worauf es ankommt, ist, eins zu sein mit dem lebendigen Gott,
ein Geschöpf zu sein im Haus des Gottes des Lebens.
Wie eine Katze, die auf einem Stuhl eingeschlafen ist, friedlich, in Frieden
und eins mit dem Herrn des Hauses, mit der Herrin, daheim, daheim im Haus des Lebendigen,
schlafend am Herd und gähnend am Feuer.

Schlafend am Herd der lebendigen Welt,
gähnend daheim vor dem Feuer des Lebens
und die Gegenwart des lebendigen Gottes fühlend
wie eine unerschütterliche Gewißheit,
eine tiefe Ruhe im Herzen,
Gegenwart
des Herrn, der am Tisch sitzt
in seinem eigenen größeren Sein
im Hause des Lebens.

Lesen wir das Gedicht laut, dann besitzt es eine beschwörende Kraft. Seine Wiederholungen scheinen einen Zauber auf uns auszuüben – kein Zauber, der uns bannt, sondern einer, der uns befreit. »Eins... friedlich, in Frieden und eins... daheim, daheim... daheim.« Diese Beschwörung läßt uns entspannen. Sie erlaubt, daß wir »eine tiefe Ruhe des Herzens« finden. Es ist wie ein Nachhausekommen in das »Haus des Lebens«, in das »Haus des Lebendigen«, in das »Haus des Gottes des Lebens«, wohin wir gehören, wo unser wirkliches Zuhause ist. Bei all ihrer Ruhe leben diese Zeilen von einer dynamischen Kraft. Sie haben Feuer in sich. Selbst das Gähnen der Katze ist ein »Gähnen vor dem Feuer.« Das Gähnen einer jeden Katze, die auf sich hält, ist Teil eines ganzen Rituals aus dehnen und strecken, das voller Lebenskraft steckt. Wenn wir nicht aus Langeweile oder Müdigkeit gähnen, sondern mit »eine(r) tiefen Ruhe im Herzen«, dann heißt das »gähnend (...) vor dem Feuer des Lebens.« »Leben« ist ein Schlüsselwort in diesem Gedicht. Sechsmal wird »Leben« und »lebendig« wiederholt. Die Ruhe wahren Friedens ist nicht totes Schweigen, sondern die lebendige Stille einer hell brennenden Flamme. »Alles, worauf es ankommt«, absolut alles, »ist, eins zu sein mit dem lebendigen Gott.« Und »der Gott des Lebens« ist als »Feuer des Lebens« im »Hause des Lebens« gegenwärtig. (Am Anfang, in der Mitte und am Ende des Gedichts stehen diese Sätze und gewinnen so besondere Bedeutung.) Feuer ist häufig ein Bild für Liebe. Hier aber ist es nicht das tobende und verzehrende Feuer der Leidenschaft. Hier ist es das ruhige, lebensspendende Feuer im Herd, das jeden im Hause willkommen heißt und zu Hause fühlen läßt. Wie also sollen wir »eins(...) sein mit dem lebendigen Gott«, wenn das unser wahres Ziel ist? Indem wir uns vom Herdfeuer durch und durch wärmen lassen; indem wir zulassen, daß uns die Wärme ein Gefühl von zuhause vermittelt; einfach dadurch, daß wir »daheim« sind, »daheim im Haus des Lebendigen.« In einer von der Liebe erwärmten Welt gibt es keine Kluft zwischen Himmel und Erde. Das »Haus des Lebens« ist das »Haus des Gottes des Lebens«.

Gottes Gegenwart im Haushalt der Erde ist Gegenwart
des Herrn, der am Tisch sitzt
in seinem eigenen größeren Sein
im Hause des Lebens.

Das Bild des *pater familias* gibt diesen Zeilen Bedeutung und
beschützt sie zugleich davor, pantheistisch mißverstanden zu
werden. Die Welt ist nicht mehr eins mit Gott, als der Haushalt
eins ist »mit dem Herrn des Hauses, mit der Herrin.« Nicht
mehr, aber auch nicht weniger. Es ist keine Frage des Einsseins,
sondern des Zusammenseins, des Beieinanderseins durch jene
Liebe, die nur die Vorstellung von *pietas* uns zu vermitteln
beginnt. Und doch, mit welcher Ehrfurcht füllt uns das Bewußtsein dieser Zugehörigkeit. Wenn wir uns den Erdhaushalt als
unseres himmlischen Vaters »eigenes größeres Sein« vorstellen,
dann wird uns das jedes Steinchen, jeden Grashalm, jeden Käfer
mit Ehrfurcht betrachten – und entsprechend behandeln lassen.
Dann wird Liebe ihre Zu- und Abneigungen ebenso leicht
nehmen, wie wahrer Glaube seine Überzeugungen und wirkliche Hoffnung ihre Hoffnungen. Schließlich, welchen Unterschied machen Zu- und Abneigungen schon, wenn »alles,
worauf es ankommt, ist, eins zu sein mit dem lebendigen Gott«?
Jene, die wir mögen und die, die wir nicht mögen, sind
gleichermaßen »daheim im Hause des Lebendigen.« Wir gehören alle zusammen. Wir können alle zusammen in Frieden leben,
sobald wir unserem tiefsten Sehnen folgen und zu unserem
Herzen nach Hause kommen.

Hier stoßen wir noch einmal auf das Mysterium des Herzens.
Das Herz ist unser Zuhause. »Alles hängt davon ab, was du unter
Zuhause verstehst«, sagt einer der Sprecher in Robert Frosts
»Death of a Hired Man.« Die Antwort ist:

Dein Zuhause ist der Ort, wo man dich aufnehmen muß,
Wenn du es brauchst.

Worauf der Gesprächspartner antwortet:

Ich hätte es eher als das bezeichnet,
Was man sich nicht erst irgendwie verdienen muß.

Unter beiden Gesichtspunkten ist das Herz das Zuhause, der Ort, wo wir hingehören. Wir gehören dorthin, weil es der richtige Platz für uns ist, ganz gleich, wie sehr wir uns ihm entfremdet haben. Und wenn wir einmal da sind, dann gehören wir dazu, denn das, was ein Zuhause ausmacht, ist, daß jeder zu allen gehört und alle zu jedem.

»Zuhause ist, von wo wir beginnen«, sagt T. S. Eliot. Und das heißt, daß Liebe nicht nur das Ende, sondern der Anfang von allem ist. Was wir vorfinden, wenn wir unser Herz finden (und denk dran: Dankbarkeit ist der Schlüssel), ist Gottes eigenes Leben in uns. Das war schon so längst »vor dem Immer«, wie C. S. Lewis es ausdrückt. Glaube, Hoffnung und Liebe sind Wege, die uns in das Leben des Dreieinigen Gottes hineinführen. Im Glauben leben wir von jedem Wort, in dem das ewige Wort sich in Natur und Geschichte ausspricht. In der Hoffnung versenken wir uns in jenes Schweigen des Vaters, aus dem das Wort entspringt und zu dem es zurückkehrt. In der Liebe beginnen wir – im Geist von Gottes Selbstverständnis, dem Heiligen Geist – zu verstehen, daß Wort und Schweigen im Handeln zusammengehören. Schließlich wird uns bewußt, daß dieses Zusammengehören gemeint ist, wenn wir den Dreifaltigen Gott den Einen nennen. Unser Herz wurzelt in jenem letztlichen Zusammengehören. Und das müssen wir uns weder erarbeiten noch verdienen. Es ist gratis – reine Gnade, reines Geschenk. Wir brauchen nur durch Dankbarkeit in diese Fülle eingehen.

So ist schließlich Dankbarkeit einfach ein Weg, das Leben des Dreieinigen Gottes in uns zu erfahren. Dieses Leben kommt aus dem Vater, dem Quellgrund und unerschöpflichen Born der Göttlichkeit, dem Geber aller Gaben. Der Vater verschenkt sich rückhaltlos im Sohn. Der Sohn empfängt sich selbst vom Vater und wird zum Wendepunkt dieses göttlichen Stroms des Gebens. Denn im Heiligen Geist gibt der Sohn dem Vater sich selbst als höchsten und letzten Dank zurück. Der Dreieinige Gott ist Geber, Gabe und Dank. Alles, was ist, nimmt teil an dieser Bewegung vom Vater durch den Sohn und im Heiligen Geiste zurück zum Ursprung. Das ist es, was der heilige Gregor von Nyssa »den Reigen der Heiligen Dreieinigkeit« nannte. Tanzen, das ist Gottes Art zu beten. Es ist ein einziges großes Fest des Zusammengehörens im Geben und Danken. An diesem Fest können wir in unserem Herzen jederzeit teilhaben: durch Dankbarkeit. Mit welchem anderen Namen könnten wir Leben in Fülle benennen?

Fülle und Leere

Dieses Buch erforscht Wege zu einem tieferen, reicheren Leben. Selbsterfüllung ist ein Wert, dessen wir uns heute bewußt sind. Manchmal aber bemerken wir nicht, daß Leute, die ein erfülltes Leben führen, überraschend selbstlos sind. In Momenten, in denen wir das Leben in all seiner Fülle erfahren, sind wir, wenn schon nicht selbstlos, so doch selbstvergessen. Kennen wir das nicht alle aus eigener Erfahrung?

Die Fülle, nach der sich des Menschen Herz sehnt, ist immer verfügbar. Aber wir bekommen sie nicht zu fassen. Wir können sie kaum *be*greifen, geschweige denn ergreifen. Fülle fließt nur in dem Maße in uns ein, in dem wir leer werden. T S. Eliot sagt:

Um das zu besitzen, was du nicht besitzest,
Mußt du den Weg der Entäußerung gehen.
Um das zu werden, was du nicht bist,
Mußt du den Weg gehen, auf dem du nicht bist.

Die vorangegangenen Kapitel sprechen von Dankbarkeit, Vertrauen, Sammlung und anderen Ausdrucksformen eines Lebens in Fülle. Und dennoch ist Leere die notwendige Voraussetzung für Fülle in all ihren Formen. Im Hinblick auf diese Leere, in der sich Fülle erst entfaltet, habe ich in diesem abschließenden Kapitel einige Schlüsselbegriffe gesammelt und sie kurz besprochen. Sie sollen als Gedächtnisstütze jener dienen, die dieses Buch gelesen haben. Aber hier und dort könnten sie weiter führen und über alle Fülle, die mit Worten zu vermitteln wäre, hinaus auf eine Leere verweisen, die man nur in Stille auskosten kann.

Angst   Wann immer etwas schiefgeht in der Gesellschaft, in der Psyche eines Menschen oder in seinem geistlichen Leben, dann dürfen wir sicher sein, daß Angst in der einen oder anderen Form die Wurzel des Übels ist. Die meisten von uns sind von Angst getriebene Menschen. Wir alle leben in einer von Angst beherrschten Gesellschaft. Aber nichts verbessert sich durch diese Entdeckung, wenn wir zusätzlich zu all unseren Ängsten uns jetzt noch vor der Angst ängstigen. Warum betrachten wir nicht stattdessen Angst als die notwendige Voraussetzung für Mut? Piet Hein sagt dazu:

> To be brave is to behave
> Bravely when your heart is faint.
> So you can be really brave
> Only when you really ain't.

(Mutig sein heißt mutig sich/ verhalten, wenn dein Herz Angst hat./ Wirklich mutig sein kannst du also/ Nur, wenn du's eigentlich gar nicht bist.)

Arbeit/Spiel   Menschliches Handeln ist von zweierlei Art: Arbeit und Spiel. Wir arbeiten, um einen nützlichen Zweck zu erfüllen. Aber wir spielen aus sinnvollem Vergnügen. Spiel ist in sich selbst sinnvoll. Wir können in unserer Arbeit dermaßen zweckorientiert werden, daß wir selbst nach der Arbeit nicht länger spielen können; bestenfalls können wir uns eine weitere Runde Arbeit verschaffen. Nützlichkeit verdrängt unser Vergnügen. Welch eine Zeitverschwendung! Aber wir können Arbeit davor schützen, zu bloßer Plackerei zu werden. Wir können lernen, spielerisch zu arbeiten. Das aber bedeutet, unsere Arbeit nicht nur im Blick auf ihre brauchbaren Resultate zu verrichten, sondern auch wegen des Vergnügens, das wir dabei empfinden, wenn wir sie aufmerksam und dankbar verrichten. Dankbare Arbeit ist spielerische, gelassene Arbeit. Nur gelassene Arbeit ist auf lange Sicht fruchtbar. Nur wenn wir spielerisch arbeiten, sind wir wirklich lebendig.

Autorität   Was Autorität angeht, so scheint unsere Gesellschaft blind. Fraglos gehen wir davon aus, daß Menschen von Natur aus äußerer Autorität widerstreben. Das Gegenteil ist wahr. Der Durchschnittsmensch ist außerordentlich anfällig dafür, dem Druck äußerer Autorität nachzugeben, selbst dann, wenn sie im Widerspruch zur Autorität des eigenen Gewissens steht. Beispiele dafür sind die Grausamkeiten, die von ganz gewöhnlichen Bürgern im Nazi-Deutschland und in anderen Diktaturen begangen wurden und werden; oder unsere eigene so häufige Unterwerfung unter die öffentliche Meinung der Zeit. Wegen dieser menschlichen Schwäche besteht die Aufgabe äußerer Autorität nicht darin, sich selbst zu verfestigen und durchzusetzen, sondern vielmehr darin, die innere Autorität verläßlich aufbauen zu helfen, indem sie die Betreffenden ständig ermutigt, auf ihren eigenen zwei Beinen zu stehen. Das gedruckte Wort erweckt zu leicht den Anschein von Autorität. Dieses Buch wendet sich nur an eine einzige Autorität: die eigene Erfahrung des Lesers. Und da es sich mit den Erfahrungen des Herzens beschäftigt, appelliert es an die Autorität des Herzens. Dieser Appell ist ein zweifacher. Er ist eine Frage und eine Herausforderung. Die Frage lautet: Klingt das wahr vor deiner eigenen Herzenserfahrung? Die Herausforderung ist: Wach auf und erlaube deinem Herzen, die ganze Bandbreite von Wirklichkeit zu erfahren.

Brauchbarkeit   Fast ohne es zu merken, kann man sich in einer Welt verfangen, in der nur das Brauchbare zählt. Die Lebenserwartung von Menschen, die Brauchbarkeit zu ihrem höchsten Wert erheben, fällt abrupt nach ihrer Pensionierung. Der gesunde Menschenverstand sagt uns, daß Lebendigkeit nicht an Brauchbarkeit, sondern an Freude gemessen wird. Und doch versucht uns die öffentliche Meinung einzuflüstern, daß wir nicht bräuchten, was nicht brauchbar ist. Das Gegenteil ist wahr. Wir benötigen am dringendsten nicht das, was brauchbar ist, sondern das, an dem wir uns erfreuen können. Diese Unterscheidung ist von wesentlicher Bedeutung. Unser tiefstes Bedürfnis ist nicht das Brauchbare, sondern das Erfreuliche – Musik zum Beispiel, oder Bergsteigen oder ein Kuß. »Überfluß« ist, wie das Wort schon andeutet, ein reichliches Überfließen, nachdem das Gefäß reiner Nützlichkeit bis an den Rand gefüllt ist (wie jene Steingefäße auf der Hochzeit zu Kanaan in Galiläa – Johannes 2,8). In dem Wort »Affluenz« ist dieselbe Vorstellung vom Fließen vorhanden, aber nur der Zustrom zählt. In einer auf Nützlichkeit ausgerichteten affluenten Gesellschaft gilt nur Brauchbarkeit und nochmals Brauchbarkeit, ohne jenes prickelnde Überfließen, das Abgestandenheit verhindert. Freude aber wird nicht an dem gemessen, was einfließt, sondern an dem, was überfließt. Je kleiner wir den Behälter dessen machen, was wir brauchen, um so schneller kommt es zu dem Überfließen, das wir brauchen, um uns richtig zu freuen. Gut verstanden wurde das von dem Bettler, der sagte: »Zwei Kupferstücke hatte ich; für den einen kaufte ich mir einen kleinen Kuchen, für den anderen Narzissen.«

Danken   Oberflächlich betrachtet ist das Danken eine bloße soziale Konvention. Formal gibt es große Unterschiede. In einigen Gesellschaften bedeutet das Ausbleiben jeglicher Dankesworte nicht etwa einen Mangel an Dankbarkeit, sondern vielmehr eine tiefere Bewußtheit des gegenseitigen Zugehörens, als es unsere Gesellschaft besitzt. Für jene Menschen wäre ein Ausdruck wie »Ich danke dir« ebenso unangebracht, wie etwa für uns das Verteilen von Trinkgeldern an Familienmitglieder. Je mehr wir das Gefühl verlieren, daß wir alle zu einer großen Familie gehören, desto mehr müssen wir jenes Zusammengehören explizit ausdrücken, wenn es in irgendeinem Geben-und-Nehmen verwirklicht wird. Zu danken bedeutet, gegenseitigem Zugehören einen Ausdruck zu verleihen. Echtes Danken kommt aus dem Herzen, wo wir in universellem Zusammengehören verwurzelt sind.

Aus vollem Herzen danken, dazu bedarf es des ganzen Menschen. Der Intellekt erkennt das Geschenk als Geschenk. Danken setzt Denken voraus. Der Wille wiederum anerkennt die gegenseitige Abhängigkeit zwischen Gebendem und Dankendem. Und die Emotionen lassen die Freude am beiderseitigen Zugehören hochleben. Nur wenn Intellekt, Wille und Emotionen sich verbinden, wird das Danken ein echtes Danken, und das heißt ein Danken aus ganzem Herzen.

Demut   Heutzutage ist Demut keine populäre Tugend; aber nur deshalb, weil sie falsch verstanden wird. Viele glauben, daß Demut darin besteht, schlecht über uns selber zu reden, obwohl wir uns für besser halten, um dann noch im Geheimen stolz auf diese geheuchelte Demut zu sein. Eigentlich bedeutet demütig jedoch irdisch oder erdig. Das englische Wort für »demütig«, »humble« ist mit »Humus« verwandt, der Gartenerde. Es ist ebenso mit »human« und »Humor« verwandt. Wenn wir die irdische Qualität unserer menschlichen Kondition akzeptieren und annehmen (und ein bißchen Humor ist dabei durchaus hilfreich), dann werden wir feststellen, daß wir das mit demütigem Stolz tun. In den besten Augenblicken unseres Lebens ist Demut einfach ein Stolz, der zu dankbar ist, um auf irgendjemanden herabzublicken.

Du   Die Beziehung zwischen Ich und Du wurde auf brillante Weise von Ferdinand Ebner und Martin Buber beleuchtet. Aber sie brauchten Bände, um das zu sagen, was e. e. cummings in einer einzigen Zeile eines Liebesgedichts ausdrückt: »I am through You so I« (Ich bin durch Dich so Ich). (Nicht nur bin ich durch dich so glücklich, so lebendig, sondern »so sehr Ich«.) In jenen Augenblicken, in denen ich diese Zeile mit Überzeugung singen kann, weiß ich, daß Erfüllung dann gefunden wird, wenn ich durch Hingabe an ein Du ganz leer werde.

Erkennen   »Wissen ist Macht«, sagen wir. Und wir verstehen es als eine Macht, die wir einsetzen können, um unsere Absichten zu erfüllen. Im Gegensatz dazu reift Weisheit nur dann, wenn uns langsam Bedeutung immer mehr übermächtigt. In der biblischen Vorstellung von »erkennen« sind Wissen und Weisheit versöhnt. Im Geben-und-Nehmen geschlechtlicher Erkenntnis, die das biblische Modell für das Erkennen liefert, sind wir sowohl ermächtigt als auch übermächtigt; wir erkennen, indem wir erkannt werden. Dieses Geben-und-Nehmen dürfen wir als das Geben und Empfangen von Dank verstehen. Danken und denken sind ja wurzelverwandt. Das Band zwischen dem Gebenden und dem dankend Empfangenden ist von tiefem gegenseitigen Erkennen geprägt.

Ferien   Gäbe es die Ferien nicht, dann verdienten unsere Schulen es kaum, Schulen genannt zu werden. Zurückverfolgt zu seinem griechischen Ursprung bedeutet der Begriff »Schule« einen Ort der Muße. Das hört sich heutzutage wie ein Witz an. Aber dieser Witz geht auf unsere Kosten. Ursprünglich verstand man Schulen als einen Ort, an dem die Studenten genug Muße hatten, sich selbst zu finden. Dieser Tage müssen viele junge Leute die Schule für ein Jahr verlassen, um dem rücksichtslosen Wettstreit zu entkommen und sich selbst zu finden. Schulen sind heute auf Zweck und nicht auf Sinn ausgerichtet, auf »Know-how«, nicht auf Weisheit. Was aber hat dein eigenes Leben mehr bereichert, die nützlichen Tätigkeiten deiner Schultage oder die vergnüglichen Unternehmungen in den Ferien? Für die meisten von uns bedeuten Ferien ein Leben in Fülle. Und doch verweist das englische Wort für Ferien (vacation) auf Vakuum und Vakanz, auf absolute Leere und einen leeren Raum. Auch hier sind Fülle und Leere eng miteinander verbunden. »Laßt ab und erkennt: Ich bin Gott!« (Psalm 46,11). In der Leere der Stille wirst du meine Fülle finden. Statt »Laßt ab« übersetzt der heilige Hieronymus: »Mache Ferien!«

Fühlen   Viele unter uns haben Angst vor dem Fühlen, besonders beim Gebet. Gefühlsüberschwang ist in der Tat eine Gefahr, aber nur selten für jene, die sie als Gefahr erkennen. Wenn du zu jenen gehörst, dann brauchst du möglicherweise Ermunterung, deinen Gefühlen freien Lauf zu lassen. Die meisten von uns neigen dazu, ihr Fühlen zu verdrängen.

Unsere Erziehung, unsere Gesellschaftsregeln, ja selbst manche Anleitungen zum Gebet führen dazu, daß wir unserem Fühlen mißtrauen, unsere Gefühle unterdrücken oder verstecken. Das ist der Grund, warum uns jene Leute, die ihr Fühlen bejahen, oft überschwänglich vorkommen. Zwergen muß eine Person normaler Größe wie ein Riese erscheinen. Gefühlsüberschwang im Gebet stellt einen Gleichgewichtsmangel dar, der nicht so sehr von zuviel Gefühl kommt, sondern von zuwenig Verstand. Das Gleichgewicht wird nicht dadurch wiederhergestellt, daß wir unser Fühlen abschwächen, sondern indem wir unser Denken und Wollen stärken. Unsere ganze innere Kraft muß in das Gebet einströmen. (Beachte, daß dies auch Taktgefühl und guten Geschmack mit einbeziehen soll. Dann wird der Ausdruck unserer Gefühle anderen nicht lästig werden.)

Fragen   Wenn Fragen uns nicht niederdrücken sollen, müssen wir sie stellen. Je länger wir damit warten, um so schwerer werden sie, ganz ähnlich einem Strohdach im Regen. Menschen, die Angst haben, Fragen zu stellen, laufen Gefahr, von ihnen erdrückt zu werden. Wenn wir eine Frage ganz stellen, dann werden wir feststellen, daß die Antwort auf jedes »Warum«? ein »Ja!« ist. Und das macht uns frei. Aber selbst enger aufgefaßt kann das Fragen uns befreien. So können uns Fragen beispielsweise von falschen Vorstellungen befreien, vor allem vom Irrtum, daß wir irgendetwas mit fragloser Sicherheit wissen könnten. Deshalb wurde auf diesen Seiten der Versuch unternommen, grundsätzliche Begriffe auf ihre eigentliche Bedeutung zu hinterfragen – Begriffe wie Verständigung, Zugehörigkeit oder Sinn. Grundsätzliche Begriffe sind die Grundlage, auf der logisches Schlußfolgern beruht. Wenn die Grundlagen nicht ganz stimmen, dann könnte der Überbau leicht einbrechen. Scharfe Fragen sind kein Luxus.

Freude   Normales Glück hängt vom Zufall ab. Freude ist jenes außergewöhnliche Glück, das nichts mit dem zu tun hat, was uns gerade passiert. Glücksumstände können uns zwar glücklich machen, uns aber keine dauernde Freude schenken. Die Wurzel von Freude ist Dankbarkeit. Wir neigen dazu, die Verbindung von Freude und Dankbarkeit mißzuverstehen. Wir bemerken, daß freudige Menschen dankbar sind und nehmen an, daß sie wegen ihrer Freude dankbar sind. Aber das Gegenteil ist wahr: ihre Freude entstammt ihrer Dankbarkeit. Wenn man alles Glück der Welt besitzt, es aber nicht als Geschenk betrachtet, dann wird es einem keine Freude schenken. Doch selbst ein Mißgeschick wird jenen Freude schenken, denen es gelingt, dafür dankbar zu sein. Wir halten die Schlüssel für dauerhaftes Glück in unseren Händen. Denn es ist nicht Freude, die uns Glück schenkt; es ist Dankbarkeit, die uns erfreut.

Geben   Die Ibo in Nigeria kennen ein Sprichwort, welches besagt »Das Herz gibt, die Finger geben nur her.« Das Geben ist etwas, das nur das Herz versteht. Und dies trifft nicht nur auf das Geben von Geschenken, sondern auf jedes Geben zu. Das Herz kennt drei wesentliche Formen des Gebens: aufgeben, danksagen (engl. thanks*giving)* und vergeben. Das Herz weiß, daß alles allen gehört. Wenn wir also aus unserem Herzen leben, dann sind wir frei, ab- und aufzugeben, ohne voller Angst irgend etwas festhalten zu müssen. Das Herz ist im Zusammengehören zu Hause. Wenn wir also aus unserem Herzen leben, dann feiern wir den Bund des gegenseitigen Geben-und-Nehmens dadurch, daß alles, was wir tun, Ausdruck der Dankbarkeit wird. Das Herz bestätigt uneingeschränkt, daß alle zu allen gehören. Wenn wir also aus unserem Herzen leben, dann vergeben wir auch von Herzen, aus jener Mitte, in der Beleidiger und Beleidigter eins sind, wo Heilung ihre Wurzeln hat. Vergeben ist die Vollendung von Geben.

Geben-und-Nehmen   Das »und« ist das entscheidende Wörtchen beim Geben-und-Nehmen. Bloßes Geben ist ebenso ohne Leben wie bloßes Nehmen. Wenn du nur einatmest und es dabei bewenden läßt, dann bist du tot. Und wenn du nur ausatmest und es dann sein läßt, dann bist du ebenso tot. Leben heißt nicht Geben *oder* Nehmen, sondern Geben-*und*-Nehmen. Atmen ist ein sich anbietendes Beispiel, aber das gleiche Geben-und-Nehmen kann überall dort gefunden werden, wo Leben ist. Es ist der dynamische Ausdruck universellen Zusammengehörens.

Gebet   Wir müssen zwischen Gebet und Gebeten unterscheiden. Gebete zu sprechen ist eine Aktivität unter vielen. Das Gebet aber ist eine Haltung des Herzens, das jede Aktivität transformieren kann. Wir können nicht ständig Gebete sprechen, aber es heißt »betet ohne Unterlaß« (2. Thessaloniker, 5,17). Das heißt, wir sollten unser Herz offen halten für den Sinn des Lebens. Dankbarkeit tut das von einem Augenblick zum anderen. Dankbarkeit ist deshalb Frömmigkeit. Momente, in denen wir aus der Quelle allen Sinnes schöpfen, sind Momente des Gebets, gleich ob wir sie so nennen oder nicht. Es gibt kein menschliches Herz, daß nicht betet, zumindest in tiefen Träumen, die das Leben mit Sinn erfüllen. Was zählt, ist das Gebet, nicht Gebete. Gebete jedoch sind die Lyrik andächtigen Lebens. Ebenso wie die Lyrik der eigenen Lebendigkeit Ausdruck verleiht und uns lebendiger macht, so sind Gebete ein Ausdruck unserer Andacht und machen uns andächtiger.

Gegebene Wirklichkeit   Wir reden von einem *gegebenen* Augenblick, von *gegebenen* Tatsachen, von aller Wirklichkeit als *gegeben*. Die angemessene Antwort auf eine *gegebene* Welt wäre doch wohl Dankbarkeit. Diese Redensarten kommen nicht von Ungefähr. Sie zu verstehen und ernst zu nehmen, müßte sich in einem dankbaren Leben ausdrücken. Dankbarkeit aber ist der Schlüssel zum Tor der Freude.

Gelegenheit   Solange wir die hervorragende Rolle nicht erkennen, die die Gelegenheit im Ablauf der Dinge spielt, wird unsere Vorstellung von Dankbarkeit unvollkommen bleiben müssen. Alles in dieser gegebenen Welt ist Geschenk. Aber das Geschenk in jedem Geschenk ist Gelegenheit. Meistens bedeutet das die Gelegenheit zum Genießen. Manchmal bedeutet es die Gelegenheit, sich zu mühen, zu leiden, ja selbst zu sterben. Wenn wir nicht aufwachen zu den zahllosen Gelegenheiten, das Leben zu genießen, wie können wir da erwarten, wach zu sein, wenn die Gelegenheit, sich dem Leben dienlich zu erweisen, auftaucht? Jene, die erkennen, daß das Geschenk in jedem Geschenk die Gelegenheit ist, werden Dankbarkeit nicht passiv verstehen. Dankbarkeit ist die Tapferkeit des Herzens, sich der Gelegenheit zu stellen, die ein gegebener Augenblick bietet.

Gipfelerlebnis   Abraham Maslow, der den Begriff Gipfelerlebnis in die Psychologie einführte, bestand darauf, daß es keine Möglichkeit gäbe, es von der mystischen Erfahrung, wie sie die Mystiker beschreiben, zu unterscheiden. Und doch haben die meisten (wenn nicht alle) von uns Gipfelerlebnisse, Momente, in denen wir überwältigt sind von einem Bewußtsein der Zugehörigkeit, universellen Heil- und Heiligseins, Augenblicke, in denen das Leben Sinn hat. Annehmen ist ein Wort, das häufig bei der Beschreibung von Gipfelerlebnissen benutzt wird. Einen Moment lang, der jenseits von Zeit zu sein scheint, fühlen wir uns ganz und gar angenommen und können alles, was ist, voll und ganz akzeptieren, annehmen. Dankbarkeit durchdringt jeden Aspekt dieser Gipfelerlebnisse. Das Religiöse an jeder Religion wird durch diese Momente überwältigender Dankbarkeit genährt. Wenn wir unsere eigene Religion als gültig betrachten, so können wir jenes Urteil nur auf jene Erfahrungen gesteigerter Bewußtheit gründen. Jede Religion wird gemessen an Standards, die man von jenen Gipfeln dankbaren Annehmens erspähte. Und darum können wir Dankbarkeit die Wurzel aller Religion nennen.

Glaube   Glaube heißt zuallererst nicht, etwas zu glauben, sondern eher, an jemanden zu glauben. Glaube ist Vertrauen.

Vertrauen verlangt Mut. Das Gegenteil von Glaube ist nicht Unglaube, sondern Mißtrauen, Angst. Angst drückt sich darin aus, daß wir uns an alles klammern, was in unsere Reichweite kommt. Angst klammert sich sogar an Überzeugungen. Das Anklammern an Überzeugungen widerspricht echtem Glauben. Vertrauender Glaube hält Überzeugungen fest, aber doch leicht. Wir glauben an Gott, nicht an unsere spezielle Vorstellung von Gott. Das ist der Grund dafür, daß Menschen tiefen Glaubens im Herzen eins sind, obwohl ihre Überzeugungen weit auseinander gehen können. Wenn Überzeugungen wichtiger werden als Glaube, dann können selbst kleine Meinungsunterschiede unüberwindliche Hindernisse werden. Wenn unsere Dankbarkeit größer und tiefer wird, dann wird auch unser Glaube größer und tiefer. Dankbarkeit setzt Vertrauen in den Gebenden voraus. Ein dankbarer Mensch sagt »Danke!« und schaut erst dann nach, was sich im Innern des Geschenks findet. Glaube ist der Mut, aus Vertrauen in den Gebenden für die Gabe jeder gegebenen Lage dankbar zu sein.

Gott   Da dieses Buch Erfahrung voraussetzt und an Erfahrung appelliert, ist Gott hier nur insofern von Bedeutung, als das Göttliche erfahrbar ist. »Ruhelos ist unser Herz«; dies ist eine grundsätzliche menschliche Erfahrung. Augustinus fährt mit dem Satz fort: »Ruhelos, bis wir in Gott Ruhe finden.« Dies aber setzt nicht voraus, daß wir Gott unabhängig von dem Durst unseres Herzens schon kennen. Vielmehr erfahren wir Gott gerade in der Ruhelosigkeit unseres Herzens. Und der Richtung unserer ruhelosen Sehnsucht geben wir den Namen Gott. Indem unser Herz auf dem Weg Eindrücke der göttlichen Landschaft sammelt, können wir langsam ein bißchen über Gott erkennen, besonders wenn wir auch den großen Erforschern Gottes zuhören. Worauf es ankommt, sind niemals Erkenntnisse *über* Gott, sondern die Erkenntnis Gottes – als dem magnetischen Norden des menschlichen Herzens.

Göttliches Leben   Es mag anmaßend erscheinen, vom göttlichen Leben als etwas zu sprechen, das wir aus Erfahrung kennen. Aber es wäre noch anmaßender, darüber zu sprechen, ohne es zu kennen. Entweder kennen wir etwas aus Erfahrung, oder wir kennen es gar nicht. Es gibt Augenblicke, in denen wir – als Geschenk – eine Ahnung vom Grunde unseres Seins erhalten. Wir erkennen, daß wir gleichzeitig dort zu Hause sind und uns auf dem Weg dorthin befinden. Einige sind kühn genug, Ausgangspunkt und Ziel unserer Herzensreise »Gott« zu nennen. Nichts anderes verdient diesen Namen. Wir können die beiden Pole dieser Gotteserfahrung Immanenz (mir näher, als ich selbst es bin) und Transzendenz (jenseits des Jenseits) nennen. Wäre Gott lediglich transzendent, dann wäre es in der Tat anmaßend, auf irgendeinem Wissen um Gott zu bestehen. Aber eine Transzendenz, die Gottes wert ist, muß so transzendent sein, daß sie unsere logischen Grenzen von Transzendenz transzendiert und deshalb völlig mit Gottes Immanenz vereinbart ist. Wäre es nicht anmaßend, dies zu verleugnen? Die Tatsache, daß ich nicht einfach Gott bin, bedarf kaum eines Beweises. Und doch, wie sagt Piet Hein:

> Who am I
> To deny
> That, maybe,
> God is me?

(Wer bin ich schon,/ (anmaßend) die Möglichkeit auszuschließen,/ das Gott vielleicht/ mein Ich sein will.)

Gratis   The universe may
Be as great as they say.
But it wouldn't be missed
If it didn't exist.

(Das Weltall ist vielleicht/ so großartig wie man sagt./ Aber niemand würde es vermissen, wenn es gar nicht da wäre.)

Mit einem entwaffnenden Lächeln legt dieser kleine Reim von Piet Hein die Tatsache bloß, daß alle gegebene Wirklichkeit reine Gabe ist. Das Universum ist gratis. Es kann und braucht auch nicht verdient zu werden. Dieser einfachen Erfahrungstatsache entspringt dankbares Leben, ein Leben aus Gnade. Dankbarkeit ist die uneingeschränkte Antwort des Herzens auf eine uns gnädig geschenkte Welt. Und Dankbarkeit ist Begabung im doppelten Sinn. Durch sie wird uns die Welt, mit der wir begabt sind, erst richtig zur Gabe. Und unsere Dankbarkeit macht uns begabt, anmutig am großen Tanz des Lebens teilzunehmen.

Herz Wenn wir hier vom Herzen reden, meinen wir den ganzen Menschen. Nur im Herzen sind wir ganz. Das Herz stellt jenes Zentrum unseres Seins dar, an dem wir eins sind mit uns selbst, eins mit allen anderen, eins mit Gott. Das Herz ist ruhelos in seiner Sehnsucht nach Gott und doch, tief im Innern ist es immer zu Hause bei Gott. Aus dem Herzen zu leben heißt, diese Sehnsucht und dieses Daheimsein völlig auszukosten. Beides zusammen bedeutet erst Leben in Fülle.

Hoffnung Es gibt eine enge Verbindung zwischen Hoffnung und Hoffnungen, aber wir dürfen die zwei nicht verwechseln. Unsere Hoffnungen sind auf etwas gerichtet, das wir uns vorstellen können. Unsere Hoffnung jedoch ist offen für das Unvorstellbare. Das Gegenteil von Hoffnungen ist Hoffnungslosigkeit. Das Gegenteil von Hoffnung ist Verzweiflung. Man kann verzweifelt an seinen Hoffnungen festhalten. Aber selbst in hoffnungslosen Situationen bleibt Hoffnung offen für Überraschung. Überraschung verbindet die Hoffnung mit der Dankbarkeit. Das dankbare Herz findet alles Gegebene überraschend. Hoffnung bedeutet Bereitschaft zur Überraschung.

Ich Es ist mehr als ein Zufall, daß das persönliche Fürwort »ich« in der englischen Sprache (»I«) vom Klang her nicht vom Wort »Auge« (engl. »eye«) unterschieden werden kann. Dies fügt der englischen Version von Meister Eckhardts berühmten Wort: »Das Auge, durch das ich Gott erkenne, ist eben das Auge, durch das Gott mich erkennt.« (engl.: »The eye by which I see God is the very eye by which God sees me.«) eine weitere Bedeutung hinzu. Wenn wir unser Ich in diesem Sinne auffassen, dann schenken wir ihm seine tiefste Bedeutung und befreien uns aus dem Gefängnis unseres individualistischen kleinen Selbst.

Individuum   Es ist notwendig, klar zwischen Individuum und Person zu unterscheiden. Individuen sind wir insofern, als wir von anderen getrennt und verschieden sind. Wir werden Personen, wenn wir uns auf andere beziehen. Als Individuen werden wir geboren; Personen müssen wir werden. Wenn uns das gelingen soll, brauchen wir andere. Individuen wachsen zu Personen heran in dem Maß, in dem ihre Beziehungen zu anderen feiner und tiefer werden. Wenn unsere Beziehungen zu anderen sich entfalten und vertiefen, reifen auch unsere Beziehung zu Gott und zu uns selbst. Eine Überbetonung von Individualität führt zur Entfremdung, weil sie unsere tiefen gegenseitigen Abhängigkeiten verleugnet. Werden wir zur Person, so wird Individualität gleichzeitig verstärkt und transzendiert.

Ja   Wie oft sagen wir »Ja!« Und doch ist es meist ein bedingtes »ja« –, ja, wenn ...« oder »ja, aber ...«. Meistens sind an unser »ja« Bedingungen geknüpft. Aber hin und wieder lassen wir uns wie ein Papierdrachen von einem kräftigen Wind mitreißen und sagen uneingeschränkt »ja«. In solchen Momenten erkennen wir, daß »ja« die Antwort auf jedes »Warum?« ist, und ganz plötzlich hat alles Sinn. Wenn e. e. cummings Gott »für alles, was natürlich, was unendlich, was ja ist«, dankt, hat er diese grenzenlose Bekräftigung im Sinn. Ebenso geht es Paulus, als er Jesus Christus das große Ja nennt (2. Korinther 1,20). Das »Ja« des menschlichen Herzens ist unsere rückhaltlose Antwort auf die »Verläßlichkeit im Herzen aller Dinge«. Sobald wir uns darauf verlassen und »Ja« sagen, werden wir, was wir sind. Unser wahres Selbst ist das »Ja«.

178

Jesus Christus Wenn hier nicht nur von Jesus oder nur von Christus, sondern von Jesus Christus die Rede ist, dann wird damit die Spannung zwischen zwei Bezugspunkten betont. Der eine findet sich in der Zeit: der Jesus in seiner Geschichtlichkeit. Der andere ist zeitlos: die Christus-Wirklichkeit in Jesus und in uns allen. Wir müssen die kreative Spannung zwischen diesen zwei Aspekten aufrechterhalten, denn wenn wir es zulassen, daß diese Spannung reißt, dann wird sich unsere Beziehung zu Jesus Christus polarisieren. Entweder wird es dann unmöglich, über den historischen Bezugsrahmen hinauszuschauen, oder aber wir laufen Gefahr, unsere historische Verankerung insgesamt zu verlieren. Der geschichtliche Jesus gibt Christen einen objektiven Maßstab für ihr Leben. Dies verhindert, daß ihre eigene innere Bewußtheit von Christus zu reiner Subjektivität wird. Und doch ist der historische Jesus nur einer der Bezugspunkte in einer echten Begegnung mit Jesus Christus. Der andere ist in den Worten »Christus lebt in mir« (Galater 2,20) ausgedrückt.

Katholisch Die wörtliche Bedeutung von »katholisch« ist »allumfassend«. Ich schreibe als katholischer Christ, weil ich nicht zu verstehen vermag, wie die Heilsbotschaft heil bleiben kann, ohne allumfassend zu sein. Es ist klar, daß dies im Sinne von Weite zu verstehen ist. Jesus schloß niemanden aus: »Geht hin in alle Welt und predigt die Heilsbotschaft der ganzen Schöpfung« (Markus 16,15) – nicht einmal nur allen Menschen! Aber das Katholischsein muß auch im Sinne von Tiefe verstanden werden. Die Heilsbotschaft sollte jede Schicht der Wirklichkeit durchdringen. Nichts wird als gemein, unwürdig oder profan ausgeschlossen. Alles in uns und um uns muß einbezogen, verwandelt und erfüllt werden. Das Gegenteil von katholisch ist engstirnig, nicht protestantisch. Es gibt engstirnige Katholiken und katholische Protestanten. Eines Menschen engstirnige Neigung kann durch neue Erfahrung aufgeschlossen und katholisch werden. Wenn Christen es wagen, sich katholisch zu nennen, dann nehmen sie damit das Abenteuer auf sich, wirklich aufgeschlossen zu leben.

Kontemplation   Die ursprüngliche Bedeutung von TEMP ist Maß oder messen. Das Ende des Wortes KonTEMPlation verweist auf einen andauernden Prozeß. Und das Präfix (Kon=cum=mit) sagt uns, daß es sich hier um einen Prozeß handelt, bei dem zwei Dinge aneinander gemessen, nebeneinander gestellt, zusammengebracht werden. Und so bringt Kontemplation, richtig verstanden, oben und unten, Einsicht und Handeln zusammen. Kontemplation setzt die Schau in die Tat um – wie im Himmel, so auch auf Erden. Tat ohne Schau wäre blinder Aktionismus. Schau ohne Tat wäre unfruchtbare Schau. Kontemplative Schau holt sich ihr Maß von oben. Kontemplative Tat bringt Ordnung in das Chaos unten. Wenn wir uns nicht verlieren wollen, dann müssen wir unsere Augen auf die Sterne gerichtet und unsere Füße auf dem Boden halten. Das aber bedeutet, daß wir alle kontemplativ sein müssen.

Lebendig   Die Tatsache, daß du noch nicht tot bist, ist kein ausreichender Beweis dafür, daß du lebendig bist. Dafür bedarf es mehr. Es verlangt Mut, vor allem den Mut, sich dem Tod zu stellen. Nur jemand, der lebendig ist, kann sterben. In Momenten höchster Lebendigkeit sind wir mit dem Tod versöhnt. Ganz tief in uns sagt uns etwas, daß wir zum Tode reif werden in dem Augenblick, in dem unser Leben Erfüllung erlangt. Es ist die Angst vor dem Tod, die uns davon abhält, ganz und gar reif, ganz und gar lebendig zu werden.

Liebe   Wir lassen es zu, daß die Erfahrung des Sich-Verliebens unsere Vorstellung von Liebe im Allgemeinen prägt. Dies aber bringt uns auf die falsche Bahn. Leidenschaftliche Anziehungskraft ist in der Tat ein wesentliches Beispiel für Liebe. Aber es ist eine viel zu spezifische Art von Liebe, um uns als Modell für Liebe im Allgemeinen zu dienen. Wenn wir nach den Charakteristika von Liebe fragen, die für jede ihrer Formen zutrifft, dann finden wir zumindest zwei: ein Bewußtsein des Zusammengehörens und die aus ganzem Herzen kommende Annahme dieses Zusammengehörens mit all seinen Folgen. Diese zwei Charakteristika sind für jede Art von Liebe typisch, von der Liebe zur Heimat bis zur Liebe zu einem Haustier, während leidenschaftliche Anziehung nur für das Sich-Verlieben typisch ist. Liebe ist ein »Ja« aus ganzem Herzen zum Zusammengehören. Wenn wir uns verlieben, dann ist unser Gefühl des Zusammengehörens überwältigend, unser »Ja« spontan und selig. Darin liegt aber eine Herausforderung, die Bandbreite unseres »Ja« auszudehen, es unter weniger günstigen Bedingungen auszusprechen und letztlich sogar unsere Feinde einzuschließen. Seit dem 6. August 1945 kann niemand mehr verleugnen, daß wir alle in diesem Raumschiff Erde zusammengehören. »Wenn du mit deinem ärgsten Feind im selben Boot sitzt, wirst du dann ein Loch in seine Seite des Bootes bohren?« fragt Elissa Melamed.

Muße   Muße verstehen wir meist als das Privileg jener, die es sich leisten können, sich die Zeit dafür zu nehmen. Aber Muße ist Tugend und nicht Luxus. Muße ist die Tugend jener, die sich ihre Zeit nehmen und jeder Aufgabe genauso viel Zeit geben, wie sie verdient. Geben und Nehmen, Spiel und Arbeit, Schau und Tat halten sich in der Muße tänzerisch die Waage. In dem Maß, in dem wir in unserem Leben Muße verwirklichen, schöpfen wir aus der Fülle des Lebens.

Mystische Erfahrung   Wenn wir darunter eine Erfahrung des Einsseins mit der Höchsten Wirklichkeit verstehen, dann haben wir eine brauchbare Arbeitsdefinition von mystischer Erfahrung. Wir tun recht daran, wenn wir den Terminus »Gott« nicht mit einbeziehen. Nicht alle Menschen fühlen sich wohl dabei, die Höchste Wirklichkeit »Gott« zu nennen. Aber gleich welche Terminologie, alle von uns können Momente überwältigender, grenzenloser Zugehörigkeit, Augenblicke universellen Eins-seins erfahren. Das sind unsere eigenen mystischen Momente. Die Männer und Frauen, die wir Mystiker nennen, unterscheiden sich vom Rest von uns lediglich dadurch, daß sie jenen Erfahrungen den Raum geben, der ihnen in unser aller Leben zusteht. Was zählt, ist nicht die Häufigkeit oder Intensität mystischer Erfahrungen, sondern der Einfluß, den wir ihnen auf unser Leben einräumen. Indem wir unsere mystischen Momente mit allem, was sie bieten und verlangen, zulassen, werden wir die Mystiker, die wir sein sollen. Schließlich ist der Mystiker keine besondere Art Mensch, sondern jeder Mensch eine besondere Art Mystiker.

Natürlich/Übernatürlich   Die Unterscheidung zwischen natürlich und übernatürlich ist gültig. Und doch kann niemand die zwei trennen; niemand kann eine klare Linie zwischen beiden ziehen. Natur und das Übernatürliche sind nicht zwei verschiedene Bereiche von Wirklichkeit, zwei verschiedene Schichten des Universums. Ein und dieselbe Wirklichkeit ist natürlich und übernatürlich. Es kommt nur darauf an, wie wir uns ihr nähern. Was wir mit Hand oder Hirn fassen können, wird immer natürlich sein. Indem wir es erfassen, begrenzen wir es. Das Übernatürliche ist grenzenlos. Wir müssen zulassen, daß es uns erfaßt. Ein Eimer voll Wasser aus einem Fluß ist niemals ein Eimer voll Fluß, ganz gleich, wieviel Wasser er faßt. Wenn wir aber vom Ufer ins Wasser tauchen, dann tauchen wir in den Fluß, gleich wie weit die Stelle von der Quelle entfernt ist. Es spielt keine Rolle, an welcher Stelle wir den Strom der Wirklichkeit eintauchen, wir halten Kontakt mit der übernatürlichen Quelle alles Natürlichen.

Nichts   Alles was uns begegnet, ist entweder greifbar/begreiflich oder es ist Nichts. In seinem Gedicht »The Snow Man« unterscheidet Wallace Stevens zwischen »dem Nichts, das nicht ist und dem Nichts, das ist« (»the nothin that isn't there and the nothing that is«). Sinn ist das »Nichts, das ist.« Sinn ist Nichts. Was fügt denn der Sinn dem Greifbar-Begreiflichen hinzu. Und doch ist dieses Nichts, das Sinn ist, für uns Menschen soviel wichtiger als alles Greifbar-Begreifliche zusammengenommen.

0   Null steht für Nichts, aber jede Zahl können wir durch diese Null zehnfach, hundertfach, tausendfach multiplizieren. So gibt Dankbarkeit dem Leben Fülle, indem sie Nichts hinzufügt. Der volle Kreis ist die leere Null. 0 bedeutet zugleich Fülle und Leere. 0 zu verstehen, indem man 0 wird – darum geht es, wenn wir von Dankbarkeit sprechen. Wer immer den vorigen Satz versteht, weiß nicht mehr, wie er ihn laut lesen soll. Das ist wenigstens ein guter Grund, dieses Buch zu *schreiben.*

Offenheit   Als er beobachtet, wie sich eine Anemone dem Morgenlicht öffnet, fragt Rilke: Und wir, wann sind *wir* jemals völlig offen und Empfänger? Offenheit in diesem Sinne steht für eine grundsätzliche Lebenshaltung, für die Bereitschaft, das Leben in seiner ganzen Fülle anzunehmen. Aber ist Offenheit selbst Fülle oder Leere? Man bedenke beispielsweise die Offenheit der Hoffnung für überraschtes Staunen. Hoffnung ist erst dann völlig offen, wenn sie sich aller Hoffnungen entleert hat. Selbst die Form des Buchstaben O, des ersten Buchstabens von Offenheit, ist doppeldeutig: der *leere* Kreis ist das Symbol der *Fülle.* Das Wechselspiel zwischen Fülle und Leere findet seinen Angelpunkt in der Offenheit.

Paradox   Nicolaus Cusanus drückte das aus, was das Menschenherz immer vermutete: Alle Gegensätze laufen in Gott zusammen. Diese Einsicht enthält gewichtige Implikationen für jeden Versuch, über göttliche Wirklichkeiten zu sprechen. Je mehr etwas der Mühe wert ist, ausgesagt zu werden, um so wahrscheinlicher wird das Paradox die einzige Möglichkeit sein, es auszudrücken. »Denn wenn ich schwach bin, dann bin ich stark« (2. Korinther 12,10). »Wer sein Leben (...) verliert, der wird es finden« (Matthäus 10,39). »Und trotzdem heißen wir den Freitag gut« (T. S. Eliot, Four Quartets).

Religion   Religionen sind Wege, religiös zu sein. Wir denken an die zugrundeliegende Religiosität, wenn wir von Religion im Gegensatz zu Religionen sprechen. Wir bräuchten ein Tätigkeitswort, ein Verb, um auszudrücken, worum es bei Religion geht. Aber während uns Wörter wie »Religion« und »religiös« zur Verfügung stehen, ist es nicht möglich zu sagen, jemand »religione«. Beten ist das Tätigkeitswort im Zusammenhang von Religion. Beten (im weitesten Sinne) ist das, was verhindert, daß religiöse Erfahrung in bloßen religiösen Strukturen vertrocknet. Erfahrung ist der Ausgangspunkt von Religion. Es ist nicht zu vermeiden, daß Intellekt, Wille und Emotionen – alle in der ihnen eigenen Weise – sich mit der Erfahrung fundamentaler Zugehörigkeit auseinandersetzen. Der Intellekt interpretiert die Erfahrung, und das führt zur religiösen Lehre. Der Wille erkennt die Implikationen an, was die ethische Seite begründet. Die Emotionen feiern die Erfahrung durch das Ritual. Religion aber ist nicht automatisch religiös. Jene drei Hauptbereiche jeder Religion neigen immer dazu, zu Dogmatismus, Legalismus und Ritualismus zu schrumpfen, wenn sie nicht immer wieder von persönlicher Erfahrung belebt werden. Dieser Prozeß ist das Gebet. Gebet in diesem Sinne macht Religionen religiös.

Sinn   Wir Menschen werden keinen Frieden finden, solange wir in unserem Leben keinen Sinn finden können. Sinn ist das, worin unser Herz Ruhe findet. Sinn wird gefunden, nicht durch harte Arbeit erworben. Er wird einem immer als reines Geschenk zuteil. Und dennoch müssen wir unserem Leben Sinn *geben*. Wie ist das möglich? Durch Dankbarkeit. Dankbarkeit ist die innere Haltung, durch die wir unserem Leben Sinn *geben*, indem wir das Leben als Geschenk *empfangen*. Was jeden gegebenen Augenblick sinnvoll macht, ist, daß er gegeben ist. Dankbarkeit erkennt diesen Sinn, anerkennt und feiert ihn.

Staunen   G. K. Chesterton erinnert in einem seiner Wortspiele daran, daß wir in unserer Welt immer über genügend Wunder verfügen werden; was fehlt ist, daß wir uns wundern. Um Wunder zu finden, brauchen wir nicht jenseits der

Naturgesetze zu suchen. Die Naturgesetze selbst sind wundervoll genug und unseres Staunens wert. Piet Hein erinnert uns:

> We glibly talk of nature's laws
> But do things have a natural cause?
> Blackearth becoming yellow crocus
> Is undiluted hocus-pocus.

(Stolz nenen wir's »Naturgesetz«/ Im Grunde ist das doch Geschwätz/ Schwarzerde wird zu gelbem Krokus:/ Ist das nicht reinster Hokuspokus?)

Wenn du nicht über das, was natürlich ist, staunen kannst, was kann dich dann überhaupt zum Staunen bringen? Solange du bis an den Rand mit dir angefüllt bist, bist du nicht in der Lage zu staunen, und das Leben kommt dir leer vor. Im Staunen aber wirst du leer, weil dein kleines Selbst ganz im Staunen versinkt. Plötzlich erkennst du, wie wundervoll alles ist, wie voller Wunder, wie voll.

Stille   Es gibt eine negative und eine positive Bedeutung von Stille. Negativ aufgefaßt bedeutet Stille die Abwesenheit von Geräusch oder Wort. Auf diesen Seiten beschäftigen wir uns mit der positiven Bedeutung. Stille ist die Matrix, aus der heraus ein Wort geboren wird, das Heim, zu dem es über das Verstehen zurückkehrt. Ein Wort (im Gegensatz zur Unterhaltung) bricht die Stille nicht. Im echten Wort kommt die Stille zu Wort. Im wirklichen Verstehen kehrt das Wort heim in die Stille. Für jene, die lediglich die Welt der Worte kennen, ist Stille bloße Leere. Unser stilles Herz aber kennt das Paradox: Die Leere der Stille ist unerschöpflich reich; alle Worte dieser Welt sind nur ein Tropfen ihrer Fülle.

Sünde   Das Wort »Sünde« wird heutzutage so leicht mißverstanden, daß es schon fast unbrauchbar wird. Die Wirklichkeit jedoch, die einst Sünde genannt wurde, gibt es noch immer, und so mußte unsere Zeit ihren eigenen Terminus dafür finden. Was in anderen Zeiten Sünde genannt wurde, nennen wir Entfremdung. Die lebendige Sprache hat hier ein passendes Wort gefunden. Entfremdung suggeriert eine Entwurzelung vom eigenen wahren Selbst, von anderen, von Gott (oder was sonst von fundamentaler Bedeutung ist), und all das mit einem einzigen Wort. Auch das Wort »Sünde« suggeriert Entwurzelung und Absonderung. (Es hat den gleichen Wortstamm wie das mittelhochdeutsche »sunder« und das gotische »sundro«, die beide »abseits, gesondert, für sich« bedeuten; ein Wortstamm, der heute noch im Wort »Sund«, die Meerenge, gefunden wird, die einmal als »das, was Land und Inseln trennt« aufgefaßt wurde.) Eine Handlung ist in dem Maße sündig, in dem sie Absonderung, Entfremdung verursacht. Was aber nicht Entfremdung verursacht, ist keine Sünde. Daraus die Konsequenzen zu ziehen, könnte sich für viele als befreiend, für andere als beschuldigend erweisen. Es könnte eine signifikante Gewichtsverlagerung in der Ethik von privater Perfektion zu sozialer Verantwortung bedeuten. Es könnte uns sehen helfen, daß heute »an unserer Erlösung arbeiten« bedeutet, Entfremdung in all ihren Formen zu überwinden. Der zeitgenössische Begriff für Heil ist Zugehörigkeit. Der Weg von der Entfremdung zur Zugehörigkeit ist der Erlösungsweg von der Sünde zum Heil.

Tod Zwei Ereignisse geschehen gleichzeitig im Tod: getötet werden und sterben. Nichts ist passiver als getötet zu werden, selbst wenn es nur das Alter ist, das tötet. Aber nichts ist aktiver als sterben. Das Tätigkeitswort »sterben« kennt nicht einmal eine passive Form. Ich kann sagen, »ich werde getötet«, aber ich kann nicht sagen, »ich werde gestorben«. Das Sterben ist etwas, das ich tun muß. Es kann nicht geschehen, ohne daß ich mich freiwillig der Veränderung aussetze. Der ich einmal war, stirbt, und der sein wird, wird lebendig. In diesem Sinne ist jeder Moment ein Sterben ins Leben. Sich vor dem Tode fürchten hieße, sich vor dem Leben fürchten. Sterben zu lernen heißt leben zu lernen.

Überraschung   Für Plato war Philosophie die liebende Hin-
wendung zur Weisheit. Und damit war das Staunen, die
Fähigkeit, überrascht zu werden, für ihn der Anfang von
Philosophie. Es ist die Fähigkeit, sich zu wundern, die aus
bloßer Klugheit Weisheit werden läßt. Klugheit ist vorbereitet
und läßt sich vom Unerwarteten nicht überraschen. Weisheit
aber, wie sie Piet Hein versteht, ist sogar bereit, sich durch das
Erwartete überraschen zu lassen.

Half a truth is often aired
And often proved correct:
It's sensible to be prepared
For what you don't expect.

The other half is minimized
Or totally neglected:
It's wiser still to be surprized
By what you most expected.

(Eine Halbwahrheit kann man nicht bestreiten/ und sie be-
währt sich oft genug:/ Es ist klug/ sich auf Unerwartetes
vorzubereiten. – Die andere Hälfte schreibt man ganz klein/
oder man läßt sie völlig fahren/ Viel weiser ist's vom Vorher-
sehbaren/ völlig überrascht zu sein.)

Zu erkennen, daß alles überraschend ist, ist der erste Schritt in
Richtung auf die Erkenntnis, daß alles ein Geschenk ist. Die
Weisheit, die mit dem Staunen beginnt, ist die Weisheit eines
dankbaren Herzens.

Verständigung   Obwohl Verständigung grundlegender Bestandteil unserer Welt ist, haben die meisten von uns eine
verkrüppelte Vorstellung davon, wie sie funktioniert. Wir
erkennen, daß Verständigung auf Einigung abzielt, (auf gegenseitiges Verstehen, auf ein Sich-eins-werden, auf gemeinsames Handeln). Aber wir sehen nicht, daß Einigung nicht nur
die Frucht, sondern auch die Wurzel aller Verständigung ist.

Wenn es nicht bereits etwas Gemeinsames gibt, bevor wir beginnen, dann ist Verständigung unmöglich. Alles ist von Anfang an geeinigt, und Verständigung entfaltet und bereichert nur noch die ursprüngliche Einheit. Wir wissen, daß Verständigung unser Einvernehmen erweitert und vertieft. Was wir so leicht vergessen, ist, daß Verständigung ein ursprüngliches Einssein voraussetzt. Zumindest benötigen wir sprachliches Einvernehmen, bevor wir einander im Gespräch wirklich vernehmen können. Verständigung über die Kluft eines absoluten Vakuums hinweg könnte es nicht geben. Glücklicherweise gibt es diese Kluft nirgendwo. Im Herzen hängt alles mit allem zusammen. Wir können einander nur verstehen, weil wir schon von Anfang an gemeinsam in dieser tiefsten Einheit stehen. Diese Einsicht wird dann relevant, wenn wir uns das Gebet als Verständigung mit Gott vorstellen. Wenn es eine Kluft gibt, dann ist Gott auf unserer Seite, bevor wir auch nur damit beginnen, sie zu überbrücken. Oder wie Thomas Merton es ausdrückte: Gebet besteht nicht in dem Bemühen, Gott zu erreichen, sondern darin, unsere Augen zu öffnen und zu erkennen, daß wir bereits dort sind.

Verstehen   Durch Verstehen finden wir Sinn. Da muß es zunächst etwas geben, das Sinn *besitzt:* das Wort im weitesten Sinne. Auch Stille muß es geben, den Horizont des Wortes, die geheimnisvolle Matrix, aus der das Wort auftaucht. Und Verstehen muß es geben, wenn jemand Sinn finden soll. Wort, Stille und Verstehen sind die drei Dimensionen von Sinn. Worin besteht das Verstehen? In dem Prozeß, in welchem wir uns dem Wort so völlig zuwenden, daß es uns ergreifen kann. Wenn das Wort uns ergreift, nimmt es uns heim in die Stille, aus dem es kam; dann verstehen wir. Wir können uns dem Wort nur hingeben, wennn wir willig sind, das zu tun, was uns das Wort aufträgt. Wenn wir gehorsam horchen, wohin uns das Wort schickt und diese Mission erfüllen, dann verstehen wir. Wir verstehen im Tun. Alles andere ist kein *ver*stehen, sondern bestenfalls ein Versuch, etwas zu *über*stehen. Es ist nicht möglich, schwimmen zu verstehen, ohne naß zu werden. Und wenn wir das Leben verstehen wollen, dann müssen wir leben.

Wahrheit   Wahrheit ist es, wonach sich unser Herz sehnt, aber was wir ausdrücken können, sind bloße Wahrheiten. Wahrheit ist eins. Aber ihre unzähligen Aspekte lassen sich in widersprüchlichen Wahrheiten ausdrücken. Es sind ihre Begrenzungen, die sie widersprüchlich werden lassen. Wir können von der Wahrheit bloß begrenzte Wahrheiten erfassen. Doch dieses Erfassen ist nicht die einzige Haltung, die wir zur Wahrheit einnehmen können. Anstatt Wahrheiten zu erfassen, können wir uns von der Wahrheit ergreifen lassen. Es ist eine Sache, einen Eimer Wasser aus dem Ozean zu schöpfen. Eine ganz andere Sache ist es, im Ozean zu schwimmen. Die Wahrheiten, die wir erfassen können, sind notwendigerweise begrenzte Wahrheiten, denn unser Erfassungsvermögen ist begrenzt. Die Wahrheit jedoch, der wir uns hingeben, ist grenzenlos und eins. Wahrheiten neigen dazu, uns zu trennen, aber die Wahrheit, die uns trägt, einigt.

Weg   In den Anfangstagen waren die Männer und Frauen, die an Jesus Christus glaubten, als jene bekannt, die dem Weg folgten (Apostelgeschichte 9,2). Erst später bezeichnete man sie als Christen (Apostelgeschichte 11,26). Um nicht durch Bezeichnungen paralysiert zu werden, muß man ständig der dynamischen Erfahrung des Auf-dem-Wegseins vertrauen. Jesus sagt: »Ich bin der Weg« (Johannes 14,6). Wir aber wollen dies bedauerlicherweise so eingrenzen, als sei er nur ein Weg (wenn auch »der einzig richtige«) unter tausend anderen. So ist das aber nicht gemeint. Vielmehr, wer immer sich »auf dem Weg« zu Gott befindet, ist auf dem Wege Jesu. Sein Name bedeutet ja »Gott schenkt Heil«. Wer immer der tiefsten Sehnsucht des menschlichen Herzens folgt, ist »auf dem Weg«. Es spielt keine große Rolle, welchen Namen wir jenem Weg geben. Sich am Wegweiser festzuhalten, bedeutet nicht »auf dem Weg zu sein«, selbst wenn das Straßenschild die richtige Bezeichnung trägt. Was zählt, ist das Gehen. All jene, die sich vorwärts bewegen, sind auf dem Weg. Das aber heißt, um auf dem Weg zu sein, muß man mit jedem Schritt voran den Weg hinter sich lassen.

Werden　Alles, was wir vom Sein wissen, ist Werden. Lebendig zu sein, dankbar zu sein bedeutet, lebendig zu werden, dankbar zu werden. Menschlich zu sein heißt, das zu werden, was wir sind. Hörten wir auf zu werden, dann hörten wir auf zu sein. Im Abenteuer des Werdens jedoch wirst du dem immer unähnlicher, was du einmal warst. T. S. Eliot sagt:

> Um das zu werden, was du nicht bist,
> Mußt du den Weg gehen, auf dem du nicht bist.

Die Bewegung des Lebens ist der Prozeß des Werdens. Und doch sind in diesem Prozeß Sein und Nichtsein, Fülle und Leere ein unauflösbares Ganzes. Wenn wir über die Fülle des Lebens sprechen, so müssen wir dabei die Ehrfurcht bewahren für die Leere, in der allein das Leben sich entfaltet und erfüllt.

Wort　Wenn uns etwas sinnvoll erscheint, dann sagen wir, es »spricht uns an«. In diesem Sinne kann jedes Ding, jede Person oder Situation Wort werden. Karl Rahner, der mich durch seine Schriften lehrte, versteht unter Wort ein Zeichen, das seinen Sinn verkörpert. Raimundo Panikkar, der mich nicht nur durch seine Schriften, sondern ebenso durch seine Freundschaft lehrte, untersucht auf seine Weise, wie Wort, Stille und Verstehen miteinander verbunden sind. Was aber am meisten meinen Gebrauch von »Wort« in diesem Buch bestimmt, ist die tiefe biblische Wahrheit, daß »Gott spricht«. Wenn aber Gott spricht, dann ist das ganze Weltall Wort. Dies ist die biblische Art und Weise zu sagen, daß alles Sinn hat im Augenblick, in dem wir mit dem Herzen zuhören. Wir werden dies als wahr entdecken, wenn wir den Mut finden zuzuhören. Dieser Mut wird Glaube genannt. Das Zuhören heißt Gehorsam. Horchen und Gehorchen entspringen dem gleichen Wortstamm. Gehorsam ist ein intensives Zuhören, ein in die Tat umgesetztes Horchen, durch das wir Sinn finden. Was uns sinnlos scheint, nennen wir absurd. Wörtlich heißt aber absurd (ab-surdus) völlig taub. Der Absurdität können wir dadurch entkommen, daß wir lernen, Wort und Sinn zu hören in allem, was uns begegnet.

X   Es ist kein Zufall, daß das X zwei völlig gegensätzliche Rollen spielt. Auf einer Ansichtskarte aus den Ferien heißt X gewöhnlich: »Hier bin ich jetzt.« Wenn wir aber ein Wort ausstreichen wollen, z. B. das »hier« in dem Satz »hier bin ich«, so machen wir ein X darüber. Mit dem selben X, mit dem wir im einen Falle das »hier« anzeigen, verneinen wir es im anderen. Ein und dasselbe Zeichen bejaht und verneint. Seine zwei gekreuzten Striche deuten ein paradoxes Geheimnis an: »Wo du bist, bist du nicht.« (T. S. Eliot, Four Quartets). X ist ein Kreuz in leichter Verstellung; ein Kreuz, das auf zwei Beinen steht, anstatt auf einem. Wenn wir es wagen, mit beiden Beinen in der Welt zu stehen, dann haben wir uns zugleich an den Kreuzungspunkt von hier und nirgends gestellt, von Sein und Nichtsein. Dieses Buch spricht von der Fülle des Lebens. Aber durch das geheimnisvolle Kreuz des X werden ja und nein, Fülle und Leere, eins.

Zusammengehören   Daß wir zusammengehören, ist eine gegebene Tatsache. Das bedeutet, daß es sich dabei sowohl um eine Tatsache, als auch um etwas Gegebenes handelt, also ein Geschenk. Das Zusammengehören ist *die* grundsätzliche Tatsache. Alle anderen Tatsachen setzen unser Zusammengehören voraus. Darüberhinaus ist Zusammengehörigkeit *das* grundsätzliche Geschenk. Jedes andere Geschenk feiert auf seine Weise das Zusammengehören. Zusammengehören ist gegenseitig und allumfassend. Was immer es gibt, gibt sich allem anderen. Jede Sehnsucht sehnt sich irgendwie danach, das Zusammengehören umfassender zu erkennen und somit reicher zu erfahren. Weil das Zusammengehören eine Tatsache ist, sind wir zu Hause in der Welt, ganz gleich, wo wir uns befinden mögen. Und weil das Zusammengehören ein Geschenk ist, ist Dankbarkeit die richtige Antwort auf das Leben, ganz gleich, was es uns bringt.